Début d'une série de documents
en couleur

L'ÉDUCATION SOCIALE

A L'ÉCOLE

PAR

P. DÉGHILAGE

ANCIEN ÉLÈVE DE L'ÉCOLE NORMALE SUPÉRIEURE DE SAINT-CLOUD

INSPECTEUR DE L'ENSEIGNEMENT PRIMAIRE

LAURÉAT DE L'INSTITUT

MONTDIDIER

IMPRIMERIE Léon CARPENTIER

—

1906

Tous droits réservés

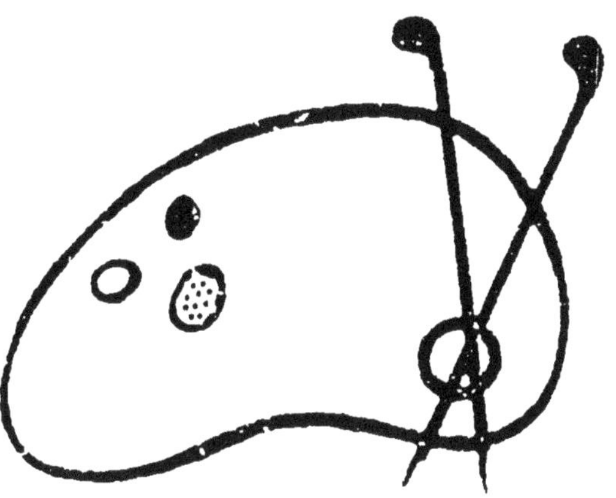

Fin d'une série de documents
en couleur

L'ÉDUCATION SOCIALE

A L'ÉCOLE

PAR

P. DÉGHILAGE

ANCIEN ÉLÈVE DE L'ÉCOLE NORMALE SUPÉRIEURE DE SAINT-CLOUD
INSPECTEUR DE L'ENSEIGNEMENT PRIMAIRE
LAURÉAT DE L'INSTITUT

MONTDIDIER

IMPRIMERIE Léon CARPENTIER

1906

L'ÉDUCATION SOCIALE A L'ÉCOLE

CHAPITRE I

IMPORTANCE DE L'ÉDUCATION SOCIALE A L'ÉCOLE

SOMMAIRE. — I. La question sociale. — II. Progrès à réaliser. — III. Rôle de l'Ecole primaire.

I

Un conflit, qui s'aggrave tous les jours, trouble profondément notre société contemporaine. Ses détracteurs passionnés la dénoncent, avec violence, comme un groupement de hasard, une monstrueuse juxtaposition de satisfaits et de mécontents, d'exploiteurs et d'exploités, de repus et d'affamés, d'oppresseurs et d'opprimés. Aveuglés par l'égoïsme, l'orgueil et l'avarice, ses admirateurs enthousiastes, c'est-à-dire ses privilégiés et ses oisifs, exaltent sa perfection. Ils affirment hardiment que toute réorganisation, même partielle, de notre état social, serait la cause et le signal d'une irrémédiable décadence.

Aussi, les masses populaires s'organisent pour l'attaque ; les classes patronales se coalisent pour la résistance, et des bruits sinistres de guerre sociale frappent sans cesse nos oreilles. L'humanité va résoudre le problème de son avenir, et le peuple le sent. Un secret instinct l'avertit qu'une transformation mystérieuse se prépare, et qu'il occupera dans le monde nouveau si longtemps attendu, une place plus conforme à la justice et à la charité.

La question sociale est vieille comme le monde. Elle date du jour où un homme s'arrogea le droit d'asservir son semblable, de l'exploiter comme un animal, ou d'en user comme d'un vil instrument. Sans remonter plus haut, n'a-t-elle pas provoqué les guerres de paysans au moyen-âge, les révoltes d'esclaves à Rome, et, bien avant Solon, les luttes intestines d'Athènes ? Mais elle se pose aujourd'hui avec une brutale imminence et une gravité exceptionnelle. Jamais elle ne se dressa d'une manière plus instante et plus tragique, avec des causes si profondes et si nombreuses, entre des adversaires si résolus et si puissamment organisés. Jamais sa solution n'excita tant d'espérances avides, ni tant d'appréhensions épouvantées.

C'est qu'il existe un mal social dont l'étendue est immense et la profondeur effrayante.

Qu'une secousse violente le mette à nu et l'éclaire d'un jour impitoyable ; qu'une crise soudaine l'exaspère, alors il nous apparaît dans toute son horreur. — A sa vue, les opulents les plus endurcis s'émeuvent, et les malheureux les plus résignés tressaillent de colère. Mais si l'accès se calme, si les plaintes farouches et désespérées s'apaisent, les uns se replongent bientôt dans un indestructible égoïsme, et les autres s'enfièvrent de rancunes plus ardentes : la pitié du riche s'évanouit, la haine du pauvre grandit. Une morne et menaçante torpeur pèse de nouveau sur la société, un instant agitée, jusqu'au jour où une convulsion plus terrible vient l'ébranler encore.

Ce mal social, qui frappe surtout les nations de la vieille Europe, est-il une nécessité inéluctable de nos civilisations contemporaines ? Personne ne le croit. N'est-il que le produit naturel et fatal d'une organisation sociale vicieuse ? Le peuple l'affirme ; et il proteste, avec énergie, et avec raison, contre ceux qui imputent toutes ses misères à l'imprévoyance, à la paresse et à l'ivrognerie.

Le travailleur aspire à un état social où l'opulence cessera d'exploiter la pauvreté ; où le contraste douloureux des fortunes scandaleuses et des poignantes misères n'affligera pas ses yeux ; où le vieillard, usé par le travail et les privations, ne mendiera pas un grossier morceau de pain à la porte du riche, jeune, valide et oisif ; où la faim, « hâve et morne » ne s'assiéra plus à son foyer à la première crise qu'il ne peut ni prévoir ni conjurer. Il s'insurge violemment contre ce préjugé absurde, mais toujours vivace et puissant, qui fait de l'oisiveté un titre d'honneur, et du travail une chose infime et servile. Il hait tous les désœuvrés qui vivent du fruit de son labeur, sans s'astreindre à une occupation régulière. Et, de plus en plus, il flétrit l'oisiveté comme un crime social, et l'oisif comme un fripon qui refuse de payer sa dette à la société, comme « un porc à l'engrais, a dit Bigot, auquel on apporte, dans son auge, une mangeaille qu'il n'a rien fait pour mériter. » Irrité de son ignorance, de sa servitude économique, de ce salariat, dernière transformation de la servitude, a dit Chateaubriand, il réclame impérieusement l'allégement du poids de son travail, l'indépendance envers le capital, une répartition plus équitable des fruits de son labeur quotidien, un salaire minimum qui lui permette de mener la vie d'une créature humaine, un respect plus profond de sa santé et de sa dignité, et une sécurité matérielle, le plus grand des biens et le premier des besoins, qui éclaire d'un brillant rayon, sa vie de sombre misère et de morne désespérance. Déjà, dans la théorie, il éclate en récriminations irritées ; et, dans la pratique, il se jette dans des crises économiques très graves.

Ses plaintes sont justifiées et ses aspirations légitimes. N'en croyons pas certains déclamateurs qui protestent contre la recherche du bien-être. Cette recherche est toujours permise, si nous l'exerçons par des moyens honorables ; et elle devient une vertu, si nous la poursuivons pour les nôtres. Je sais bien que la race humaine n'abolira jamais complètement la douleur ; la paresse, l'intempérance, les vices perpétueront toujours cette misère volontaire et lâche que nulle œuvre sociale, fût elle la mieux organisée, ne guérira radicalement.

Est-il même à souhaiter que la douleur disparaisse à jamais ? N'est-elle pas la sauvegarde de la santé, l'assaisonnement du plaisir, l'inspiratrice des cœurs, l'agent le plus puissant du progrès, l'auxiliaire de la vertu, la condition nécessaire du mérite et la grande éducatrice sociale des peuples ? Si la douleur est toujours un mal, c'est un mal qui produit souvent les plus grands biens. Supprimez-la de la vie, vous ruinez le plaisir et le bonheur; vous supprimez du même coup tout ce qui élève et ennoblit l'humanité ; vous rayez de son vocabulaire les mots « devoir, sacrifice, dévouement. » (1)

Mais il y a trop de maux dans ce monde, et des maux trop cruels. Si la douleur doit survivre, il faut que la misère meure ; il faut que nos fils, affranchis, par nos efforts, des plus dures nécessités de la vie, marchent, allégés de nos chaines, vers un avenir meilleur.

Regardons autour de nous ! Que de travailleurs méprisés encore pour leur travail même, et férocement placés dans l'alternative d'un salaire dérisoire ou de la faim ! Que de pauvres, de malades et d'infirmes s'espacent, çà et là, sur la route commune que nous parcourons tous ! Que de familles s'enfouissent au fond de bouges infects, vêtues de sordides haillons, dans une écœurante promiscuité, pour échapper aux intempéries des saisons et au froid des hivers ! Que de cris angoissants la famine, l'atroce famine, ne fait-elle pas pousser parmi les splendeurs de notre luxe et les progrès de nos civilisations, qui valent plus par les modestes cités ouvrières que par les plus somptueux palais !

Oui, à l'aurore du vingtième siècle, des femmes, des enfants, des infirmes, des vieillards, qui n'ont ni pain, ni asile, succombent

____

(1) Legouvé.

dans les grelottements du froid et les affres
de la faim. Et ces privations matérielles sont
si universellement répandues, et cette détresse est si lamentable, qu'un évêque allemand a pu dire sans trop d'exagération :
« La question sociale est une question d'estomac. »

II

Diminuer progressivement et supprimer,
si c'est possible, toutes les souffrances qui
ne tiennent pas à l'essence même du genre
humain ; alléger par la sympathie, par la charité, par la solidarité, celles qui sont inhé-
rentes à sa nature, voilà l'œuvre à poursuivre, œuvre admirable, accessible à tous,
qui sollicite les âmes d'élite, et qui sera l'é-
ternel honneur de notre siècle naissant.

Des fatalités qui pèsent sur nous, les unes
sont inexorables : subissons-les sans plaintes
vaines ni récriminations stériles. Mais les
autres nous sont imposées par l'égoïsme : il
faut les secouer par une bonne volonté désintéressée, par une fraternelle union, nous souvenant toujours qu'il est peu de larmes,
même parmi les plus amères, qu'un secours
délicat, une parole consolatrice, une étreinte
cordiale, un regard affectueux ne vienne sé-
cher aux yeux de nos frères malheureux.

Les pouvoirs publics s'émeuvent ; la bourgeoisie secoue son indifférence hostile ; des monarques absolus prennent l'initiative des réformes ; et le pape a consacré une longue encyclique à la question sociale. Le mouvement est général ; il est irrésistible, et il est rapide, surtout chez nous. Notre histoire intérieure, au dix-neuvième siècle, jusqu'à la proclamation de la troisième République, est faite de révolutions et de contre-révolutions qui ont livré le pouvoir aux régimes les plus différents et aux hommes les plus hostiles. Les questions de politique pure accaparaient et retenaient la majeure partie des bons esprits ; les questions sociales étaient reléguées au second plan. Seuls, quelques penseurs, frappés du vice de notre société, pré-. voyaient les transformations nécessaires et s'efforçaient de poser les bases de l'organisation future.

Aujourd'hui, les institutions républicaines sont stables et les partisans des régimes déchus en pleine déroute. L'attention des philosophes et des économistes s'est détournée des discussions stériles de la politique, pour se porter vers ces problèmes sociaux qui s'imposent violemment, avec une insistance impérieuse, à la méditation des penseurs et à la sollicitude des gouvernements. Et ils sont de plus en plus nombreux, « ces hommes de science et de bonne foi, vivement émus des menaces du présent et des incertitudes de l'avenir, qui se penchent sur la société, non pas comme un anatomiste sur un cadavre, mais comme un médecin sur un malade, pour chercher, dans les profondeurs les plus intimes de son organisme, le principe vital qui doit la guérir. » (1)

L'heure a sonné de passer de la théorie à la pratique, de la parole aux actes, de la critique qui décompose à l'expérience qui édifie. Mais l'œuvre est à peine ébauchée et déjà les opinions les plus opposées se manifestent, les prétentions les plus contradictoires s'affirment, les abus les plus criants protestent de leur légalité, les mesures les plus subversives se donnent comme d'inéluctables nécessités, et les doctrines les plus insensées trouvent des partisans fanatiques. Déjà les violents veulent renverser la société, détruire la famille et réduire la propriété à un vol séculaire. Déjà un sentiment âpre et amer des inégalités, même naturelles, s'étale au grand jour, et l'on entend crier bien haut que le vieil édifice social craque sur toutes ses façades et que le bruit effroyable de sa chute frappera bientôt nos oreilles.

Que sortira-t-il de cette agitation confuse,

____

(1) Legouvé.

toujours grandissante, qui se traduit actuellement par des polémiques violentes, et de graves désordres matériels ? La guerre sociale avec ses tyrannies meurtrières et ses massacres fratricides ? ou la concorde générale par la réciprocité des concessions et la pacification des esprits ? La société se réorganisera-t-elle sans brusques secousses, par une évolution naturelle, par la force irrésistible du progrès, par le perfectionnement normal de nos institutions, ou par une criminelle lutte de classes qui la ferait sombrer dans la boue et dans le sang ? La transformation sociale sera ce que nous la ferons ; et, nous n'hésitons pas à l'affirmer, elle sera, en grande partie, ce que l'école primaire la fera.

III

Il serait ridicule de chercher une solution brève et simpliste à une question si complexe ; il serait dangereux de vouloir appliquer un remède radical et immédiat à ce mal qui afflige l'humanité depuis sa naissance. La transformation sociale ne se fera ni par une opération instantanée, ni par un coup de baguette magique ; et le bonheur ne se répandra pas, en quelques jours, sur un monde régénéré en quelques heures. Un changement si brusque impliquerait tant de violences que la société, ébranlée dans ses assises naturelles, perdrait pour longtemps son équilibre et sa stabilité. Prétendre la refondre par une révolution brutale, par une liquidation générale des situations et des fortunes, par une transformation soudaine dans le régime du capital et du travail, ce serait déchaîner la plus effroyable des guerres civiles dont l'histoire ait gardé la mémoire. Il faudrait des flots de sang pour opérer cette réorganisation, et des flots de sang pour la maintenir. Dans cette lutte fratricide, les timides fuiraient épouvantés ; les cœurs généreux reculeraient devant une aussi lourde responsabilité ; mais les privilégiés combattraient en désespérés, et les sectaires, exaspérés de cette résistance, en arriveraient très vite aux plus épouvantables extrémités.

Rien de durable, rien de fécond ne s'accomplit dans les faits, si la révolution n'est opérée dans les esprits, si elle n'est attendue et désirée par la grande majorité. Etienne Marcel devance les idées de son temps : il échoue. Mais en 1789, trois mois à peine après la convocation des Etats-Généraux, les députés promulguaient la célèbre déclaration des Droits de l'Homme : la Révolution était mûre dans les cœurs.

Pour qu'une nouvelle société apparaisse,

plus conforme à la justice et à la charité, il faut que la justice et la charité pénètrent plus profondément en nous. Avant de modifier les lois, avant de changer les formes extérieures de la nation, il est nécessaire de reconquérir les hommes un à un, de transformer les mobiles de notre àme, de l'animer d'un véritable esprit social, de lui inspirer un sentiment très vif de ses devoirs de solidarité démocratique.

Ces idées de solidarité s'éveillent et s'affermissent aujourd'hui. L'urgence et la gravité des questions ouvrières, la générosité des àmes d'élite, la perspicacité des esprits clairvoyants, ont déterminé un mouvement lent mais irrésistible, vers une égalité plus pratique et une fraternité plus féconde. Aussi, cette modération dans les exigences, cette détente dans les résistances, ces concessions mutuelles et volontaires qui seules peuvent assurer une solution pacifique aux passionnants problèmes sociaux, ne nous paraissent plus impossibles.

Certes, nous n'obtiendrons pas de l'homme mûr qu'il déracine ses préjugés et détruise ses habitudes; qu'il réprime en lui la méfiance, l'envie, la haine, la jalousie; en un mot, qu'il extirpe de son cœur tous ces sentiments anti-sociaux, legs d'un long passé d'injustices, d'inégalités et de misères; mais nous pouvons l'obtenir de l'enfant. Nous pouvons éveiller en lui la solidarité ; multiplier les occasions de la développer ; la faire passer dans ses actes comme une douce habitude, et préparer ainsi une génération capable de se redresser devant les maux qui l'accablent au lieu de se courber passivement devant eux — capable, enfin, de conquérir le bonheur social et digne de le posséder.

Le progrès se trouve donc dans nos mains ; réalisons-le, ou nous faillirons à notre tâche. Nous n'avons pas le droit de nous résigner à notre destinée misérable et de piétiner sur place, quand le bonheur est devant nous.

Inspirer à l'enfant des sentiments de solidarité pratique et féconde ; tempérer ce qui divise et fortifier ce qui unit ; provoquer la haine de l'injustice et non l'âpre désir d'en profiter ; inciter chacun à défendre ses droits sans attaquer ceux d'autrui ; préconiser, non pas la destruction de la propriété, mais l'extension progressive à tous de ses inappréciables bienfaits ; préparer une meilleure répartition des richesses nouvelles et non la spoliation brutale de celles qui existent ; combattre sans relâche tout ce qui jette le trouble dans les masses populaires et entrave leur effort : voilà le but suprême où doivent tendre nos efforts, si nous voulons tracer pour l'avenir une route large, droite, inondée de lumière ; si nous voulions épargner à la société future et régénérée de nouveaux abus, de nouveaux mécontents, et de nouveaux opprimés.

Oui, l'école primaire contribuera à résoudre, d'une manière pacifique, le plus redoutable problème qui se soit posé devant notre pays, et peut-être devant l'humanité tout entière. C'est pour cette raison qu'un homme éminent, comme M. Léon Bourgeois, ramène la question sociale à une question d'éducation ; et c'est pour la même raison que nous écrivons ce très modeste ouvrage.

CHAPITRE II

LA SOCIÉTÉ, SA NÉCESSITÉ, SES BIENFAITS

SOMMAIRE. — I. La vie primitive selon J.-J. Rousseau, Lucrèce et Horace. — II. Etapes régressives pour remonter dans le passé. — III. Misère de nos premiers ancêtres. — IV. La société est une nécessité naturelle, économique et morale. — V. Il est indispensable de le démontrer.

I

Il est bien séduisant ce tableau du discours sur l'origine et les fondements de l'inégalité parmi les hommes, où Jean-Jacques Rousseau peint la félicité de l'état de nature.

Accoutumé dès sa naissance aux intempéries de l'air et à la rigueur des saisons, exercé à la fatigue, forcé de défendre sa vie et sa proie contre les bêtes fauves, l'homme se crée un tempérament robuste. Il acquiert la force, l'agilité, et il les transmet à ses enfants. Le ruisseau lui offre son eau limpide, l'arbre ses fruits, l'animal sa toison, la forêt ses retraites, et voilà ses besoins satisfaits. Vieillard, ses appétits diminuent avec la faculté d'y pourvoir ; il s'éteint doucement, sans craindre des infirmités que le sauvage ne connaît pas ; sans souffrir de ces maladies que l'oisiveté, les excès, les privations, les fatigues et les passions nous apportent infailliblement dans la société.

Sans relations avec ses semblables, sans devoirs connus, il se livre étourdiment au premier sentiment d'humanité ; il s'abandonne à cette pitié naturelle qui est la source de toutes les vertus sociales. Inaccessible à la vanité, à l'estime et au mépris ; étranger à toute notion de propriété ; subvenant facilement à tous ses besoins sans nuire à autrui, il ignore les vengeances et les démêlés sanglants. La fuite de l'esclave est facile, les refuges sont nombreux et inaccessibles ; aussi, l'indépendance préside à cette vie simple, douce, paisible, parce qu'elle est naturelle et solitaire.

Ce tableau est si séduisant que, s'il traduisait la réalité, il pourrait nous inspirer le désir de fuir la société, de nous enfoncer dans des pays sauvages et inexplorés, pour y goûter les joies délicieuses de la vie primitive. Mais, il n'exista jamais que dans l'imagination de J.-J. Rousseau. La réalité est tout autre ; elle est radicalement contraire.

Par une divination de génie, vingt siècles avant lui, Lucrèce a peint, avec une précision et une énergie admirables, l'existence misérable de l'homme préhistorique. Au cinquième livre du Poème de la Nature, il représente nos premiers ancêtres « fuyant l'antre qui les abritait à l'approche d'un sanglier hérissé ou d'un lion formidable ; et, au cours même de la nuit, cédant avec épouvante, à ces hôtes terribles, leurs lits de feuillage ». Il arrivait souvent, dit-il, à quelqu'un d'entr'eux « d'être surpris par les bêtes féroces, de leur fournir une pâture vivante, et d'être englouti par leurs machoires. Ses cris remplissaient les forêts et les montagnes, quand il voyait ses membres vivants ensevelis dans un sépulcre vivant. — Quelques-uns réussissaient à fuir, tout déchirés de morsures; mais après, tenant leurs mains appliquées sur d'affreuses plaies, ils appelaient la mort avec des cris horribles ; et enfin ils expiraient dans de cruelles tortures sans savoir les remèdes qu'exigeaient leurs blessures. »

Un peu plus tard, Horace décrit : « ce troupeau muet et hideux, sorti, en rampant, sur des terres nouvelles, combattant pour du gland et des tanières, avec les ongles et les poings d'abord, ensuite avec des bâtons, et enfin avec des armes que l'expérience leur fit fabriquer ». Et les beaux vers de ces grands poètes traduisent, avec une merveilleuse exactitude, les résultats péniblement atteints par l'archéologie contemporaine.

II

Débuterons-nous, à l'école primaire, par la comparaison de l'homme préhistorique avec l'homme civilisé ? La violence du contraste captiverait sans doute l'attention de quelques élèves d'élite ; mais l'effet produit serait peu sensible chez les autres, incapables de se représenter brusquement des temps aussi étranges, de s'abstraire de tout ce qui les entoure, de franchir d'un bond, par-dessus les lents progrès de l'humanité, la distance qui sépare notre civilisation contemporaine de ces époques de vie errante et d'effroyable misère. N'exigeons ni des efforts de réflexion si intense, ni un travail de l'imagination si complexe. Procédons par gradations ; remontons dans cet obscur passé, par étapes successives, sans nous arrêter trop souvent, sans prodiguer les tableaux aux traits indécis et aux contours flottants, sous peine de laisser la pensée principale se perdre à chaque instant, d'affaiblir l'intérêt en le dispersant, et de nuire à la force de l'impression derrière par la multitude même des impressions intermédiaires.

A — La plupart de nos élèves apprennent, et tous devraient apprendre, ce délicat sonnet

de Sully Prud'homme intitulé « Un Songe ».
Mais si nous expliquons les mots et les
phrases, si nous relevons les beautés de la
forme, nous ne dégageons pas toujours sa
portée morale. Quelques aperçus superficiels
sur l'utilité du laboureur, du tisserand, du
maçon ; quelques réflexions banales sur les
bienfaits de la société ; voilà le mince profit
que nous tirons de cette admirable leçon de
solidarité sociale. Pourquoi ne pas développer
ce thème si sain, si fortifiant, et prouver,
avec des faits précis, sans dissertations vagues ni déclamations oiseuses, que l'homme
isolé serait le plus faible et le plus déshé-
rité de tous les animaux.

B — Passons du songe à la fiction. Quel
serait le sort d'un être humain, jeune et fort,
perdu dans une ile inhabitée de l'Océan ? Robinson nous le montrerait très bien, si, complètement dépourvu, il était réduit à ses
seules forces dans sa lutte contre la nature. Mais n'a-t il pas des biscuits, du riz et du
froment pour se nourrir ? Des cordes, des
scies, des planches, des tonneaux, des clous
et des haches pour construire sa demeure ?
Des caisses de hardes pour se vêtir ? Des
épées et des poignards, des fusils et des pis-
tolets, des sacs de balles et des barils de poudre pour se défendre et pourvoir à ses besoins ? Eh bien ! malgré ces instruments per-

fectionnés d'une civilisation avancée, Robinson emploie trois jours pour tailler un pieu, une année entière pour édifier sa tente. Avec ses connaissances étendues et son intelligence affinée, dans une ile déserte où foisonne le gibier et où les bêtes féroces sont inconnues, il ne vit, et d'une vie misérable, que par des prodiges d'énergie et de persévérance. Quelques extraits bien choisis, bien enchainés suffiraient à le prouver.

C — Pénétrons maintenant dans le domaine de la réalité actuelle. Nous connaissons la situation de ces peuplades polynésiennes et africaines dont l'ignorance, la misère et la dépravation donnent une idée affaiblie de l'effroyable détresse de nos premiers ancêtres. Que l'enfant voie, par les yeux de l'imagination, les Akkas bondir dans les grandes herbes comme des sauterelles ; les Esquimaux, enfermés dans des huttes de neige, tromper leur faim avec les excréments des ours ; des hordes sibériennes dormir nues sous le givre ; les sauvages de Bornéo errer dans les bois comme des bêtes fauves ; des tribus australiennes s'entredévorer et déterrer leurs morts pour s'en repaitre, après trois jours de sépulture, les nègres de l'Afrique, égoïstes et cruels, gloutons, paresseux et pillards ; en un mot tous ces êtres humains, au crâne bas et aux mâchoires énormes, tombés au dernier degré de la dégradation, et dont Hœkel a pu dire qu'ils se rapprochent bien plus du gorille et du chimpanzé, que d'un Kant ou d'un Gœthe.

III

Dépouillez ces sauvages de leurs inventions et de leurs découvertes, de leur langage et de leurs connaissances rudimentaires, et leur terrible détresse vous donnera une idée affaiblie de l'affreuse misère de l'homme primitif. Vous pourrez alors le faire renaître de ses cendres, le ressusciter de son tombeau, et faire entendre à vos élèves « ces voix du passé, depuis si longtemps silencieuses » que l'archéologie a évoquées dans ces derniers temps.

Notre ancêtre préhistorique est nu, et de longs siècles s'écoulent avant qu'il se taille des vêtements dans la peau des animaux abattus à la chasse ; avant qu'il se tisse de grossières étoffes avec le fil du chanvre.

Les fruits âpres, amers, peu charnus, peu nutritifs, des arbres sauvages, et en particulier le gland ; des racines, des plantes et des graines, quelques espèces de poissons, certains crustacés, les animaux tués à la chasse, et l'homme lui-même, voilà sa nourriture.

Tapi sous le feuillage des arbres, au fond d'une caverne, sous un rocher en surplomb, ou dans une grotte humide ; chassé sur la montagne par les inondations et chassé de la montagne par les éruptions volcaniques ; tremblant partout « sur une terre qui tremble » il a des refuges naturels, mais il ne possède pas un asile pour le préserver des intempéries des saisons, de la dent des animaux et de la violence de ses semblables. Il vit ainsi, errant et sans abri, pendant des milliers d'années, avant de construire une hutte, avant de fonder ces cités lacustres dont on a retrouvé des ruines si intéressantes dans le lac de Genève.

Ses premiers outils sont des outils de mort : pierres éclatées, silex travaillés, pierres aiguisées emmanchées au bout d'un bâton, que Boucher de Perthes et Rigollot ont découverts en grand nombre, l'un à Abbeville en 1836, et l'autre à St-Acheul en 1850. Avec ces armes médiocres, notre ancêtre préhistorique devait lutter contre des tigres énormes et des serpents monstrueux, contre ces animaux gigantesques que Cuvier a reconstitués, avec une merveilleuse exactitude, avant que la géologie ne les retrouvât au sein des couches terrestres les plus profondes. Et pendant longtemps il n'eut d'autres ustensiles « qu'un arc et des flèches pour la chasse ; une ligne et un hameçon pour la pêche ; une coquille pour couteau ; une enveloppe de fruit pour vase ; une arête de poisson pour aiguille et un tronc d'arbre pour canot ».

La découverte du feu est-elle due au frottement des silex travaillés, à la lave des volcans, ou à la flamme des incendies allumés par la foudre ? Nous ne le savons pas exactement, mais le feu fit faire à l'humanité primitive un pas immense dans la voie du bien-être matériel et du progrès. La transformation qu'il opère est si profonde que les pauvres êtres humains de ces temps terribles l'adorent comme une divinité. Montrons bien les ténèbres qui s'évanouissent des antres et des cavernes ; les climats rigoureux qui deviennent habitables, et l'industrie qui naît. Montrons bien notre aïeul entourant sa hutte de flammes pour éloigner les bêtes fauves, durcissant le bois avant de l'enfoncer en terre, perfectionnant ses armes et ses outils, creusant des pirogues, améliorant sa nourriture, réchauffant ses membres engourdis : et l'enfant comprendra mieux son existence de privations et de misères.

Sa détresse morale est épouvantable. Ses penchants sont abjects, ses passions hideuses, ses habitudes grossières et sa malpropreté repoussante. Aussi féroce que l'ours des cavernes et le tigre de la forêt, il n'a d'autre langage que des cris incohérents et sauvages, d'autre loi que la loi du plus fort. Vieillards, infirmes, femmes, enfants, sont des proies faciles et toujours disputées. Partout le faible est maltraité, immolé, dévoré. Justice, pitié, charité sont des vertus inconnues ; l'homme veut vivre et il sacrifie tout à son existence. « Et les sentiments même de la nature sont souvent pervertis ! le père fait périr l'enfant qu'il ne peut nourrir, et le fils tue son vieux père. Le vol à force ouverte, le pillage à main armée, la ruse et l'assassinat, voilà les fatalités qu'il ne peut secouer.

Comment a-t-il pu échapper à ces redoutables dangers, et se multiplier au sein même des plus terribles éléments de destruction ? Moins fort, moins industrieux que la plupart des animaux, l'homme leur était supérieur par la raison ; il les dépassa toutes, au point de vue matériel par son intelligence ; au point de vue moral par sa conscience. La découverte du feu, l'invention des outils, la domestication des animaux, l'agriculture naissante, assurent sa domination sur ses féroces adversaires. Il se libère peu à peu de cette hérédité humiliante de violence, de cruauté, de paresse, de sensualité, de superstition qui pèse encore sur lui. Il se dégage de la matière ; il dépouille les restes de sa bestialité ancestrale ; il réprime ses ins-

tincts agressifs développés, au cours des siècles, par sa lutte contre les bêtes, contre
l'homme lui même ; et il s'élève lentement à
la science, à la justice et à la charité. Voilà
le vrai progrès, le progrès moral, celui que
nous devons réaliser en nous, en diminuant
graduellement le nombre et la gravité de nos
retours à la barbarie, si nous voulons travailler à l'amélioration collective et au bien-
être général de l'humanité ; « si nous voulons jouer, nous aussi, un rôle bienfaisant
dans l'œuvre auguste de la civilisation. »

IV

L'homme isolé ne peut se concevoir ; ce
serait un animal farouche qui perdrait la pensée avec le langage ; et la société n'est pas
une œuvre factice et funeste qu'il nous serait
loisible de détruire après l'avoir accomplie.
C'est la condition indispensable de tout progrès et une nécessité que tout nous impose :
la nature, notre intérêt et notre perfectionnement moral. Il faut que nos élèves le sa-
chent pour répudier les doctrines des so-
phistes, les paradoxes de J.-J. Rousseau, et
les utopies de ces théoriciens intransigeants
qui imputent âprement à la société toutes
nos misères, qui prêchent, comme unique

moyen de salut, sa destruction radicale et immédiate.

1° La Société est une nécessité naturelle. — Deux choses le prouvent : la faiblesse de l'homme à sa naissance et son horreur de l'isolement. A peine éclos, le poussin picore sa nourriture ; quelques heures après sa naissance, le jeune poulain bondit dans la prairie. L'enfant le sait ; il les a vus. Mais il a vu aussi un petit être (son frère ou sa sœur), reposer de longs mois dans un berceau, immobile, les yeux clos, les membres inertes, à demi-sourd, presque muet ; et il a compris qu'abandonner ce petit être à sa détresse serait le condamner à une mort inévitable. Il s'est donc formé nécessairement, à l'origine, une association restreinte, celle du père et de la mère, pour subvenir aux besoins du nouveau-né nu et affamé. Cette association, que cimenta notre sentiment le plus énergique, l'amour de nos enfants, c'est la famille, le noyau même de la société.

Exposée aux attaques des bêtes fauves, aux violences des associations voisines, plus nombreuses ou plus féroces, la famille eut été infailliblement dispersée et anéantie. Elle s'unit donc à d'autres familles pour assurer la sécurité commune : la société était née. Que ces groupes s'appellent gentes, tribus, clans, hordes ou peuplades, ils remontent à la plus haute antiquité, aux origines mêmes des peuples ; et l'archéologie en révèle l'existence jusque dans les cavernes de l'âge de pierre.

D'un autre côté, l'homme est un « animal politique », un être que mille tendances irrésistibles poussent vers son semblable ; que mille liens attachent à son prochain. La sympathie est un instinct fondamental de notre nature ; et nous sentons au plus profond de nous mêmes, un penchant immuable, inaltérable, à la sociabilité. Aussi, l'isolement nous pèse, il nous est insupportable. Eloignez un enfant de ses camarades, vous lui infligez une punition sévère ; condamnez un criminel à l'emprisonnement cellulaire, vous déprimez rapidement son intelligence ; et, bien souvent, vous le poussez à la folie ou au suicide. L'homme séparé de ses semblables est si misérable, qu'il s'attache au chien qui le caresse, au perroquet qui prononce son nom (1) à l'araignée qu'il apprivoise (2) à la fleur qu'il regarde tendrement pousser (3) ; en un mot, à tout ce qui diminue la solitude qui l'accable et le désespère.

2° *La Société est une nécessité économique.* — L'homme qui vivrait seul, réduit à ses propres forces, périrait infailliblement ; ou

(1) Robinson — 2) Pellisson à la Bastille — 3, Le Charney de Saintine à Picciola.

du moins il serait désarmé devant la faim, le froid, les animaux féroces et mille autres causes de destruction. Obligé de se nourrir, de se vêtir, de se loger, de pourvoir à ses multiples besoins, sa vie s'épuiserait en une infinité de travaux différents et presque stériles. Dans la société de ses semblables, il trouve des services publics bien organisés, des communications faciles, des relations internationales qui mettent à sa disposition les richesses du monde entier. Et cette organisation, en apparence si compliquée, fonctionne avec tant d'aisance et de régularité qu'il ne s'aperçoit même pas de la multiplicité des rouages qu'elle met en mouvement.

Il y trouve aussi cette loi bienfaisante de la division du travail, qui supprime les pertes de temps, qui abrège la durée de l'apprentissage, accroît l'habileté professionnelle, multiplie les produits à l'infini, allège les souffrances du travailleur et constitue un précieux lien social, en même temps que la source de tous les progrès. Avec sa hache et son rabot, il faut six semaines à Robinson pour faire une planche : un scieur de long en découpe journellement soixante ou quatre-vingts. Une couturière confectionne une chemise par jour chez elle, et vingt-cinq à la chemiserie. Un ouvrier ne fabriquerait pas plus de deux cents épingles en une journée ; avec la spécialisation des fonctions et son application à une seule opération, il en fabrique près de cinq mille dans les usines.

Ce sont ces faits précis, ces chiffres exacts, tous frappants, tous choisis dans la vie ordinaire, qui peuvent faire apprécier, dans nos classes, les résultats merveilleux de cette division du travail que la société seule a rendue possible. Je sais bien que l'extrême division du travail, ferait de l'homme une machine à fabriquer plutôt qu'un ouvrier, et que la spécialité outrée rompt l'équilibre des facultés ; mais on s'efforce de prévenir ces inconvénients par un sérieux apprentissage.

Cette dépendance de l'individu envers la collectivité éclate pour les plus infimes objets de la vie matérielle ; cette étroite solidarité, qui nous lie à des milliers de bienfaiteurs, se révèle à chaque minute de notre existence ; mais l'ignorance et l'étourderie nous les cachent trop souvent. Attachons-nous à les faire découvrir à l'enfant. Il le faut pour qu'il se reconnaisse l'éternel débiteur des hommes d'autrefois ; pour qu'il prenne la résolution de s'acquitter envers leurs fils, ses contemporains ; pour qu'il se sente, comme le dit About : « l'anneau d'une chaine, le degré d'une échelle ascendante, une transition vivante, active et laborieuse, entre ce qui a été et ce qui sera. »

3° *La Société est une nécessité morale.* — Absorbé par les exigences de la vie matérielle, privé de tout enseignement, dépouillé de toute tradition, réduit à recommencer toujours la même série des incertitudes et des tâtonnements, incapable de reconquérir une à une les acquisitions et les inventions de l'industrie humaine, l'homme isolé resterait dans un état stationnaire, voisin de l'animalité, condamné à l'ignorance, à l'impuissance, à l'abêtissement. Le besoin de culture intellectuelle, et le devoir de perfectionner ses facultés lui font de la vie sociale, une stricte obligation morale.

Au sein de la société, qui fixe ce qui est acquis, et assure le terrain consolidé, il profite des recherches, des expériences, des découvertes de tous ses semblables, c'est-à-dire d'un legs immense de l'humanité ancestrale à l'humanité actuelle. Il trouve, dans quelques livres, le tableau de tous les progrès et la science de tous les siècles. Des milliers de penseurs et de philosophes ont travaillé, et travaillent sans relâche, pour augmenter son pouvoir sur la nature, pour élever l'édifice de la civilisation, pour lui transmettre, accrue d'âge en âge, la somme de ses biens matériels ; pour ajouter au trésor de ses sentiments, pour multiplier les innombrables beautés qui l'enchantent.

Héritier de leur pensée, dépositaire de leur œuvre, propriétaire de leur patrimoine intellectuel et moral, il s'instruit sans effort ; et, par la science, il s'élève toujours plus haut, de la misère à l'aisance, de la barbarie à la civilisation, de l'oppression à la liberté. Pour lui, l'humanité s'est perpétuellement transmis le flambeau sacré des lettres, des arts, de la science et de l'industrie ; elle a été selon la belle expression de Pascal, « comme un seul homme qui veille toujours et apprend sans cesse. »

V

Mais à quoi bon démontrer si longuement la nécessité de la société, dira-t-on peut-être. Ceux qui rêvent sa destruction ne sont-ils pas des illuminés, dont les théories, plus ridicules que dangereuses, ne pénétreront jamais dans le domaine de la pratique ? Qu'en sait-on ? Et quand même la société n'aurait rien à craindre de ces théoriciens nuageux et passionnés, ne voit-elle pas sans cesse son utilité contestée et ses bienfaits méconnus ? Apprendre à l'enfant tout ce qu'il lui doit dans le passé, c'est la première condition pour qu'il ne lui demande pas trop dans l'avenir ; pour qu'il sente l'étendue de sa dette ; pour qu'il prenne, sous l'influence d'une sorte de suggestion continue, la virile résolution de l'acquitter, aujourd'hui à l'école, et demain dans la vie. Et nulle éducation sociale méthodique, qu'il s'agisse d'un écolier de onze ans, ou d'un jeune homme de dix-huit, ne saurait se passer de cette base solide, pour s'appuyer uniquement sur des données théoriques, capables sans doute de convaincre les esprits éclairés, mais impuissantes à pénétrer jusqu'au cœur des humbles.

Répétons-lui souvent, et sous des formes variées : « Créancier insolvable de la société, tu pourras diminuer ta dette, tu ne l'éteindras pas. Ton pain, ton vêtement et ton foyer ; ta sécurité et ton langage ; ton intelligence et ta moralité, tu dois tout à tes ancêtres et à tes contemporains. Crois donc au progrès, d'une foi sincère et ardente. Tu l'entendras nier. Ses contempteurs te diront : les inventions se multiplient, mais les engins de destruction se perfectionnent ; la propriété augmente de valeur, mais le nombre de propriétaires diminue ; les villes s'agrandissent, mais les campagnes meurent ; des routes se construisent, mais les impôts s'accroissent ; l'instruction progresse mais l'humanité n'est pas meilleure. Rousseau te prêchera le retour à l'état de nature, et Tolstoï la régression vers un état patriarcal dont la famille est la base. Mille partisans des régimes déchus te vanteront les délices du bon vieux temps ; mille démagogues égarés, mille exploiteurs éhontés t'inciteront à l'anéantissement de la société, qu'ils calomnient avec une passion sauvage.

Ne te dissimule pas qu'il reste des maux regrettables et des iniquités choquantes ; mais écoute, sans t'émouvoir, ces violentes récriminations. Respecte le passé, rends justice au présent, mais surtout salue l'avenir, conscient du chemin parcouru. Tu as vu ton aïeul s'élever du dénûment au bien-être, de l'ignorance à la science, de la férocité à la douceur, de l'injustice à la justice, d'un isolement farouche à la fraternité : voilà qui répond à leurs aveugles diatribes. Ne les crois pas. Sois juste pour ces êtres misérables qui ont élevé, pierre par pierre, l'édifice de la civilisation. Sois reconnaissant à ces générations successives qui, de siècle en siècle, en ajoutant quelque chose à la science et à la puissance humaine, t'ont préparé des temps de lumière et de concorde. Espère ! si le progrès n'est pas continu, s'il subit des arrêts partiels, s'il est soumis à une sorte de va-et-vient, composé de marches en avant et de reculs, il ne s'arrête jamais longtemps ; car l'homme est perfectible et le progrès indéfini est sa loi. Hâte sa venue encore, par ton énergie et ta

patience, par tes habitudes d'ordre et d'économie, par « l'ascendance » de ta famille et de
ta génération. Et surtout n'oublie jamais que
l'histoire de la civilisation tout entière n'est
qu'une perpétuelle glorification du travail.

CHAPITRE III

LE TRAVAIL

I

Prodigue de ses biens à tous les êtres, la nature ne donne rien à l'homme gratuitement; elle le voue au travail, dont elle fait sa loi suprême et la condition même de son existence. Dans quelles plaines ont-ils coulé, aux temps fabuleux de l'âge d'or, ces ruisseaux de lait dont parle Boileau? A quelles époques s'est-elle épanchée, cette inépuisable bienfaisance de la nature, que tant de poëtes ont célébrée en vers pompeux? Est-ce pour l'homme préhistorique qu'elle s'est montrée une mère prévoyante et féconde? « Jeté nu, sur la terre nue » il a dû lui arracher par son invincible opiniâtreté au travail tout ce qu'elle se refusait à lui donner. Que d'efforts et de persévérance n'a-t-il pas fallu à cet être désarmé, tapi sous le feuillage des arbres, pour défendre sa vie contre des animaux gigantesques, pour se nourrir de leur chair pantelante, se vêtir de leur peau et leur disputer son triste abri ! Que de temps n'a-t-il pas exercé son intelligence rudimentaire avant de semer un peu d'orge dans une clairière de la forêt, avant de domestiquer le chien, le bœuf et le mouton ! Que de siècles se sont écoulés depuis ses origines, reculées dans un passé inaccessible, jusqu'au travail des métaux qui le fit sortir de la barbarie, pour entrer lentement dans cette civilisation des cités lacustres, si primitive encore, mais déjà si intéressante !

Est-ce l'homme civilisé qu'elle comble de ses dons ? « La terre, qui recèle toutes les richesses, ne les livre qu'au prix d'efforts pénibles ; la science n'a jamais souri qu'aux vaillants ». La vie a toujours été, et elle est encore, une lutte âpre et sans merci, contre le roc des montagnes, le sable du désert, l'eau des torrents, les miasmes des marais, les tempêtes de l'océan, la stérilité du sol, les végétations perfides et les productions animales dangereuses. La vie pour la France, c'est un combat incessant contre les dunes envahissantes, les inondations dévastatrices, et les émanations pestilentielles des plaines marécageuses. Pour la Hollande, c'est une résistance désespérée aux flots de la mer: qu'un termite ronge, dans l'obscurité, le bois de ses pilotis; qu'une invisible fissure se produise et grandisse dans ses digues séculaires, elle disparait dans un effroyable cataclysme. Pour tous les peuples enfin, la vie est une lutte éternelle, contre les forces de la nature, que l'homme a su maitriser, mais qui se retourneraient contre lui, acharnées à sa destruction, s'il cessait de les vaincre par une inlassable énergie. Oui, c'est par le travail que la pauvre humanité naissante a pu vaincre ses puissants ennemis, et produire ces merveilles de la science qui bouleversent le monde, qui affermissent chaque jour notre empire sur l'univers, qui transforment, approprient et embellissent tout. Si l'homme est devenu le roi de la création; s'il a dompté la nature, s'il l'a asservie à ses besoins et à l'accomplissement de sa destinée; s'il a fait succéder à sa misère native le bien être acquis de nos civilisations contemporaines, c'est par un travail opiniâtre et renouvelé avec toutes les générations. N'en croyons pas certains théologiens: le travail n'est pas, il n'a jamais été, ni le stigmate de la déchéance et de la servitude, ni un châtiment dont nous écrase un Dieu impitoyable et vengeur. C'est une rédemption, ou plutôt c'est « une seconde Providence » que nous devons honorer dans ses plus humbles manifestations, et bénir avec une éternelle gratitude.

II

Quelques millions d'hommes vivaient péniblement sur le territoire de la Gaule, et ils s'y trouvaient très à l'étroit. Ce même territoire, fertilisé par la culture, nourrit aujourd'hui trente-huit millions d'habitants ; et il faudra qu'il en nourrisse un jour cinquante millions. Le travail est donc la loi du bien-être personnel ; mais, les efforts de chacun profitent à tous ; le progrès des individus assure le progrès des collectivités, et le travail est ainsi la loi du bonheur social.

La valeur des choses diminue : le taux de l'argent s'abaisse ; les héritages se morcellent, et la situation de nos enfants menace de tomber au-dessous de la nôtre. Or, nous sommes tenus de prévenir la décadence de notre famille, d'assurer sa prospérité et son élévation « le bonheur qu'on donne à ses enfants étant la seule excuse que l'on ait de les avoir mis au monde, puisqu'ils n'ont pas demandé à y venir. » (1) Le travail qui

· (1) Alexandre Dumas (fils).

fait fructifier les capitaux, qui assure la diffusion de l'instruction, le libre choix d'une carrière, en un mot l'émancipation de nos fils, s'impose donc à nous comme un devoir de famille inviolable.

Il constitue une obligation morale stricte. N'est-ce pas la mise en valeur volontaire d'une énergie physique et intellectuelle, qui s'atrophie dans l'inaction, et que nous n'avons pas le droit de laisser improductive? N'est-ce pas par lui que nos facultés les plus nobles et les plus précieuses se développent et se fortifient; qu'elles grandissent et s'épurent; qu'elles atteignent les plus hautes régions de la morale et de la vertu? N'est-il pas un remède contre l'ennui et les désirs aveugles, et par cela même la condition indispensable de notre parfait équilibre d'esprit, et le meilleur instrument de notre éducation personnelle? Car enfin, travailler, c'est asservir le corps à la pensée, réprimer l'étourderie, exercer l'attention, développer la patience, assouplir l'intelligence, acquérir l'ordre et la méthode, fortifier l'esprit d'initiative, et surtout c'est cultiver la volonté qui s'affermit par l'effort, et par la lutte.

III

S'il est une nécessité impérieuse et souvent pénible, le travail honnête est aussi la source intarissable des plaisirs les plus sains et des joies les plus pures : il porte en lui-même son plus sûr aiguillon et sa légitime récompense. Ne donne-t-il pas la souplesse à nos organes, la vigueur à notre corps, et la longévité à notre vie ? Ne crée-t il pas des richesses incalculables, que l'humanité accroit sans cesse, à travers les siècles, par la découverte et l'accumulation de nouveaux produits ? Avec le sentiment de l'ordre, la simplicité des goûts, et la modestie des ambitions pour auxiliaires, ne donne-t-il pas certainement, je ne dis pas l'aisance, mais « cette pauvreté laborieuse, qui ne doit rien à personne, sans remords de la veille, sans souci du lendemain ? » (1) Il nous affranchit de l'oppression du monde matériel ; il assure notre dignité par la lutte contre la misère, l'ignorance et le despotisme. C'est à cette lutte que nous devons la joie de créer, la plus intense de toutes, faite d'orgueil et d'allégresse ; et cette surabondance de vie qui jaillit de toutes les sources de force et de

(1) Sandeau.

jouissances que nous apportons en naissant.
C'est un baume bienfaisant pour nos souffrances physiques, un consolateur précieux
pour nos douleurs morales, un gardien vigi-
lant de notre honneur et la sauvegarde de
notre vertu.

Son rôle social a été si grand qu'on a pu dire :
« La différence, dans la civilisation des
peuples, se mesure à la différence du travail
dont ils ont été capables. » Et, de nos jours
encore, c'est le meilleur système qu'on ait
inventé pour améliorer le sort du peuple.
« Honneur, amitié, amour, bien-être, indépendance, souveraineté, il promit tout à l'ouvrier, dit Prud'hon, et lui garantit tout.» Il a
rapproché les hommes ; et, du sein de la
communauté d'efforts et d'intérêts qu'il créa,
jaillirent des sentiments de solidarité, d'abnégation et de dévouement qui transfor-
mèrent la vie de nos ancêtres. N'est-ce pas
le travail qui releva notre vie d'un jour en la
reliant « à toutes celles qu'elle continue et
qu'elle précède ; en nous révélant notre solidarité avec tous ceux qui avant nous, et pour
nous, ont vécu, souffert et peiné sur cette
terre ; en nous inspirant peu à peu ces sentiments de fraternité universelle, qui animent
aujourd'hui presque tous « les compagnons
du grand atelier humain »? C'est lui qui a
propagé l'idée de justice et « greffé la douce

charité sur l'égoïsme, comme une « plante bienfaisante sur un sujet sauvage et empoisonné. » C'est lui l'émancipateur des nations: il a détruit les plus vieilles servitudes et anéanti les plus puissants despotismes.

Le travail s'impose donc à tous ; au pauvre pour subvenir à ses besoins et améliorer sa destinée ; au riche pour favoriser les grandes entreprises d'intérêt général, lutter contre la misère, multiplier le bien-être, perfectionner les lettres, les sciences et les arts; élargir, sans s'arrêter jamais, le champ de la moralité parmi les hommes.

IV

L'homme ne déroge pas en déployant ses facultés pour une fin utile ; le travail n'est pas une chose infime et servile, une tare, mais un devoir strict, un titre d'honneur, et la condition nécessaire de notre dignité : voilà des vérités que notre société démocratique proclame très haut ; elle professe le respect du travail et l'estime du travailleur.

Toutes les professions sont honorables, car toutes poursuivent la satisfaction d'un besoin ou l'accomplissement d'un devoir ; c'est la manière de les exercer seule, qui les élève ou les rabaisse. (1) Voyez ce laboureur :

(1) Voir la Légende du Forgeron, de Jean Aicard.

l'œil sur ses bœufs, la main sur sa charrue, il songe à son travail. Instruit du passé, attentif au présent, confiant dans l'avenir, il réalise le progrès dans son domaine ; il accroît son aisance, il prépare à ses enfants une destinée supérieure à la sienne, fier de son utilité, heureux du bonheur qu'il crée pour les autres. Regardez son voisin : mécanique stupide, il suit son attelage, indifférent à sa profession, hostile à toute innovation, esclave docile d'une routine séculaire, la tête vide et le cœur sec. Le travail du premier n'est-il pas intelligent et moralisateur, alors que celui du second dépasse à peine le labeur inconscient de ses animaux ? Ce sont les mêmes opérations culturales ; l'un les ennoblit par son esprit d'initiative et de progrès, l'autre les dégrade par son apathie et son ignorance.

Une épaisse barrière, qui oscille aujourd'hui, et qui bientôt se renversera d'elle-même, séparait naguère les professions libérales et les professions m.... lles. On les opposait à plaisir, pour exalter les unes et ravaler les autres. L'épée et la robe méprisaient l'industrie et la charrue. Ce mépris du travail manuel remonte à la plus haute antiquité : Rome et Sparte, qui le déclarent indigne d'un homme libre, l'infligent aux prisonniers de guerre ; le christianisme le transforme en un châtiment perpétuel et divin ; notre société bourgeoise l'abandonne à ce qu'elle appelle, avec dédain « les masses populaires ». Il fut ainsi, à travers l'histoire, le partage exclusif, et la honte séculaire, des esclaves de l'antiquité, des serfs du moyen-âge et des prolétaires modernes.

C'est un des préjugés les plus absurdes que je connaisse. Toutes les professions sont utiles, mais les professions manuelles sont les plus utiles de toutes. On peut vivre, et on a vécu longtemps, sans palais, sans livres, sans tableaux, sans statues, sans avocats, sans médecins ; mais, sans pain, sans vêtements, sans asile, on meurt. Oui, les travaux les plus indispensables, ce sont les plus humbles et les plus pénibles, les moins rétribués et les moins honorés ; c'est une iniquité sociale qui disparaîtra avec toutes les autres.

Dans la réalité ces différentes professions ne se séparent jamais. Tout travail manuel, même le plus grossier, exige des efforts de l'esprit, il traduit, il réalise une pensée, sinon le travailleur ne serait qu'une stupide mécanique. N'a-t-il pas réfléchi ce sauvage qui, armé de filets, d'arcs et de flèches, se dirige vers le fleuve ou la forêt pour y chercher sa nourriture ? D'un autre côté, tout travail intellectuel s'accompagne d'opérations manuelles. Le sculpteur ou le peintre n'a-t-il pas besoin de sa main pour donner au marbre ou à la toile la vie et la beauté dont l'idéal est en son âme; pour donner une existence réelle à ses conceptions de génie. Michel-Ange n'a-t-il pas pétri son argile, Raphaël trituré ses couleurs, Dupuytren manié ses bistouris et Pasteur ses appareils? Sans le travail de l'intelligence, le travail manuel perd ses directions, ses règles, et, par suite, sa fécondité. Sans le labeur manuel le travailleur de l'esprit n'a ni le loisir ni l'aisance nécessaire à l'exercice de sa pensée. Comment donc ces deux genres de travailleurs pourraient-ils se livrer à une défiance réciproque? Absolument nécessaires les uns aux autres, comment pourraient-ils croire leurs intérêts opposés?

La pratique et la théorie se pénètrent et s'unissent ainsi; l'instruction, qui se généralise, rapproche les ouvriers du corps de ceux de l'esprit: c'est le grain de sable qui comblera l'abime social. Et elles disparaissent progressivement, ces classes hostiles formées naguère, les unes de travailleurs manuels à l'intelligence inculte, les autres de travailleurs de l'esprit au corps dégénéré. La dignité du travail sous toutes ses formes, voilà, dans notre société actuelle, le dogme fondamental de l'économie politique. La Révolution l'a relevé de son discrédit, racheté de son opprobre. lavé de sa malédiction ; et, dans la grande armée des travailleurs, l'estime est acquise à toutes les fonctions et à tous les grades.

Que l'ouvrier ne se déconsidère plus par son ignorance, par la négligence de sa tenue, par la grossièreté de ses manières et de ses propos, et toutes les mains se tendront vers ses mains : « où le labeur quotidien laisse des traces, des gerçures et des cicatrices, » et tous les cœurs battront à l'unisson de son cœur, dans une admirable fraternité, qui s'étendra demain à tout le peuple français, et qui, plus tard (il faut l'espérer toujours) s'étendra, par dessus les frontières, à l'humanité laborieuse tout entière.

Un préjugé injuste reculera à jamais cette union féconde de tous les travailleurs, si nous ne l'extirpons jusque dans ses racines. Irrité par le dédain qui l'écrasa si longtemps, l'ouvrier réagit violemment. Il professe le mépris systématique de tous ceux qui ne travaillent pas de leurs mains, et dénie toute valeur au travail intellectuel. Il divise encore le travail en travail productif et en travail improductif « comme si le travail, c'est-à-dire l'effort utile, n'était pas toujours productif, qu'il se traduise dans le domaine de la pensée ou de la matière. » A ses yeux, le peuseur, l'homme de lettres, l'artiste et le fonctionnaire ne sont que des inutiles, voués à une paresse déguisée. Voilà un antagonisme aveugle qu'il faut dissiper, car le progrès social ne s'accomplira jamais que par la bonne entente, l'estime mutuelle et la fraternité de tous les travailleurs. Sans porter atteinte au travail manuel, dont la réhabilitation a été si lente et si pénible ; sans déprécier un travailleur ni un métier, démontrons bien que le travail de l'esprit élève l'homme, qu'il crée du travail pour une infinité de bras ; qu'il soumet les forces naturelles, faisant ainsi de la matière, une esclave docile, émancipatrice de l'humanité ; et, qu'à tout prendre, il atteint et dépasse souvent, même dans ses résultats pratiques, le labeur matériel le plus exténuant. Il est des pensées qui représentent des années de méditation intense dans le silence du cabinet ; des productions artistiques et littéraires qui absorbent les existences les mieux remplies ; des découvertes qui exigent des recherches sans nombre, assombries de doutes angoissants ; des savants et des inventeurs qui succombent à la peine, martyrs volontaires de leur foi invincible au progrès ; des vertus comme la justice, qui sont le chef-d'œuvre du génie et du travail humains. Et que de préjugés à dissiper, de périls à éviter, de supplices à braver, et parfois à subir, pour dégager la vérité de l'erreur, à ces époques terribles où il était interdit à la terre de tourner. Galilée, Jacquard, Bernard Palissy, Philippe de Girard, Nicolas Leblanc, Philippe Lebon, Pasteur, ces noms illustres, choisis parmi tant d'autres, ne suffisent-ils pas à convaincre les esprits les plus incrédules et ceux qu'animent les plus violents parti-pris.

Que l'enfant suive les poignantes péripéties de leur existence ; qu'il s'enflamme d'admiration à ces sublimes exemples ; qu'il se pénètre de reconnaissance pour ces bienfaiteurs de l'humanité, et nous verrons peu à peu disparaître ces mutuels dédains entre les participants indispensables d'une œuvre commune.

Répétons-le souvent : « les laboureurs dans leurs champs, les ouvriers dans leurs usines, les savants dans leurs laboratoires, les écrivains dans leurs cabinets, sont des artisans de la richesse publique et du bien-être général. » Tout homme utile à ses semblables est un travailleur, quel que soit son genre d'utilité ; et nous devons l'honorer, non pour les fonctions qu'il exerce, mais pour la manière dont il les exerce. Et si l'on veut absolument classer les métiers, qu'on range d'un côté ceux qui sont honnêtes, et de l'autre ceux qui ne le sont pas ; c'est la seule classification qui ne soit pas arbitraire, funeste et profondément injuste.

V

Je parle évidemment d'un travail volontaire et non d'un travail exécuté sous la pression des menaces, avec le dégoût, la haine et la malédiction du travail lui-même. Il faut donc amener l'enfant à accomplir spontanément sa tâche, si nous voulons lui donner des habitudes d'activité réglée qu'il conservera dans la vie.

Vif et turbulent par nature, impatient dans ses désirs, fougueux dans ses actes, il est incapable d'une immobilité prolongée ; il a besoin du mouvement que lui donnent l'étude et le jeu. Le jeu n'a besoin ni de stimulant, ni de soutien ; il porte en lui-même son attrait et sa récompense : mais il n'absorbe qu'une faible partie de l'énergie de l'écolier. Il faut que l'étude épuise le reste. Ainsi compris, le travail scolaire répond à une nécessité de l'organisme, et il doit produire le plaisir qui résulte de l'activité libre, se déployant sans contrainte et sans excès. La question peut donc se poser en ces termes : A quelles conditions le travail sera-t-il, par lui-même, une source de plaisir pour l'élève ?

Il faut qu'il réponde : 1° *A sa nature*. — Demandez de grands efforts musculaires à un enfant chétif, l'immobilité à un élève remuant, le silence prolongé à un bavard, un sériéux continu à un espiègle, une forte contension d'esprit à un étourdi, vous exigez des choses contraires à leur nature. Vous en obtiendrez peut-être les apparences, la réalité, non. Et vous aurez violenté leurs penchants, étouffé leur sympathie et provoqué le dégoût de l'étude. Je ne prétends pas qu'il faille abandonner l'écolier à lui-même, et le suivre en aveugle, sans le contraindre jamais; mais il est possible souvent, et il est préférable toujours, de détourner ses penchants sans les heurter de front, et de les utiliser au lieu de les annihiler.

2° *A son degré de culture.* — On voit des enfants vifs et remuants dans la cour, qui, en classe, sont indolents, inertes, presque stupides. Cette anomalie, plus apparente que réelle, s'explique souvent par un enseignement mal donné ou disproportionné à leur intelligence. Le plaisir produit chez l'écolier atteste, au contraire, le talent professionnel du maître et la convenance des études au développement intellectuel de l'élève.

3° *A ses dispositions présentes,* qui sont très variables et parfois s'opposent d'un moment à l'autre. Après des jeux animés, qui exigent une grande dépense d'énergie physique, l'enfant rentre en classe, l'esprit dispos mais les muscles fatigués. Il a peu d'aptitude, et par suite, peu de goût pour l'écriture, le dessin, le travail manuel. Sa main tremble énervée ; et l'effort régulier qu'il s'impose est une fatigue nouvelle qui s'ajoute à une fatigue récente. Une leçon orale qui exerce l'intelligence et délasse le corps sera la bienvenue.

4° *A ses projets d'avenir.* — Si l'enfant vit surtout du passé et du présent, l'avenir n'est pas pour lui un mot vide de sens. Sa fraîche imagination l'emporte parfois bien loin des réalités du moment ; et il essaie de jeter, sur le devenir, un regard incertain et craintif. La notion de l'intérêt, qui se développe de bonne heure, le pousse aussi à vouloir soulever un coin de sa mystérieuse destinée, à la connaître, à la préparer. Il se forme un idéal, souvent terre à terre, parfois assez élevé. Il se voit cultivateur, professeur, médecin, officier, avocat, et il s'adonne avec plus d'ardeur aux études qui lui paraissent devoir réaliser ses jeunes espérances. Il en comprend la nécessité, il en attend beaucoup : à nous de connaître et d'utiliser ces précoces projets d'avenir.

Que le travail scolaire produise donc le plaisir, c'est la condition indispensable pour qu'il donne des résultats. L'enfant accomplit mollement, sans profit, la tâche qui lui déplaît. Seul, le travail attrayant est réellement fructueux : — fructueux parce qu'il donne des connaissances claires et fécondes ; fructueux parce qu'il donne l'habitude et l'amour même du travail.

Qu'il soit donc attrayant par les conditions de facilité, de variété, d'intelligence, d'émulation, d'art et de dignité que nous saurons lui donner ; qu'il le soit surtout par l'attrait du travail lui même, par la joie de l'effort volontaire, de la recherche patiente et heureuse, de la connaissance acquise, et de la science entrevue.

Mais bannissons résolument de l'école tous ces jeux soi-disant instructifs, destinés à dérober les difficultés de l'étude ; ils n'ont ni l'attrait du libre jeu, ni l'efficacité de l'étude véritable. Il faut que le travail scolaire conserve son caractère d'obligation rigoureuse et pénible, pour donner au futur citoyen un esprit robuste, un vif sentiment de sa puissance, une invincible énergie morale ; il le faut même pour lui donner les joies du travail. L'écolier n'est heureux de son labeur que s'il a le sentiment très net d'une difficulté vaincue, d'un triomphant effort de sa volonté qui asservit la nature et conquiert l'instruction. Son amour-propre trouve, dans ses plus humbles productions, si elles ont exigé de l'habileté et de la persévérance, des satisfactions très vives qu'il serait dangereux de lui enlever.

Le travail scolaire sera donc attrayant; il ne sera pas amusant. Nous éviterons ainsi la cruauté des ascètes du moyen-âge qui fai-saient de l'éducation une torture incessante, et les complaisances outrées des épicuriens du XVIII° siècle qui voulaient, avec Fénélon, la transformer en un jeu continuel.

Nous placerons l'enfant dans les conditions matérielles les plus favorables au déploie-ment de son activité : une salle claire et gaie, un matériel suffisant, des tables com-modes, un air pur, une atmosphère tempérée, loin des bruits extérieurs et des distractions involontaires, mais fatales.

Nous lui dirons : si tu travailles à contre-cœur, en récriminant, sous l'empire d'une irritante contrainte, tu t'exposeras aux pires défaillances ; tu te condamneras à mal faire ; tu ajouteras la mauvaise humeur à la fatigue ; tu te voueras tôt ou tard, mais inévitablement, à une incurable paresse capable d'affaiblir ton corps, de déprimer ton intelligence, d'as-servir ta volonté à tes mauvaises habitudes, de te pousser au mensonge, à l'envie impuis-sante, au mécontentement et au mépris de toi-même.

Si, au contraire, tu travailles loyalement,

avec énergie, avec régularité, avec persévérance, sans brusques saccades, mais sans arrêts inutiles ; sans précipitation, mais sans
lenteur, ton travail, vite devenu facile et fécond, t'apparaîtra comme la plus attrayante
des occupations, et le plus sain des plaisirs ;
par surcroît, il te donnera la joie intime d'un
double devoir accompli, devoir individuel et
devoir social.

Nous lui montrerons, avec Legouvé, ces
hommes illustres qui ont poussé le travail
jusqu'au sacrifice : « Pascal trouve l'une de
ses plus belles lois mathématiques pendant
l'accès d'une rage de dent de deux jours.
Rousseau écrit un de ses livres parmi les
douleurs de la néphrétique : Molière vient
expirer sur le théâtre pour assurer une recette de plus à ses camarades. Lord Chatham,
dans un moment de crise politique, paraît à
la Chambre des Lords enveloppé dans sa
robe de chambre, prononce son plus beau
discours et meurt à la dernière phrase. Saint
Vincent de Paul, épuisé, paralysé, se fait
porter mourant près des malades, et soigne
ceux qu'il va précéder dans la tombe. Vauvenargues, phtisique, accablé, à trente ans,
des infirmités de la vieillesse, poursuivait,
à travers toutes les tortures et toutes les défaillances physiques, son métier de penseur.
Augustin Thierry accomplit son œuvre, au

milieu des ténèbres de la cécité et des douleurs de la paralysie. »

Et, en s'inclinant devant ces victimes d'un travail volontaire, il accomplira plus volontiers sa tâche quotidienne ; il contractera peu à peu, à l'école, l'habitude d'une activité réglée, habitude qui se conservera et se fortifiera dans la vie sociale.

VI

L'instituteur se désintéresse trop des questions relatives à l'organisation du travail ; le premier orateur de carrefour venu, avec un vague demi-savoir qui lui donne des allures tranchantes et un prestige redoutable, le déconcerte facilement. Il ne s'agit pas d'initier des enfants de onze ou douze ans à des problèmes si complexes et si passionnants, ni de leur inspirer des idées opposées, peut-être, à celles de leurs parents ; mais l'école a un lendemain. L'instituteur est devenu l'éducateur des adultes, l'ami et le conseiller des jeunes gens aux prises déjà avec les difficultés de la vie sociale; et il est nécessaire qu'il puisse donner son opinion, si on la demande, et la justifier, s'il la donne ; nécessaire qu'il fasse entendre le langage des idées justes, les enseignements virils de la vérité, en toute sincérité, avec l'unique souci de ramener, autour

de lui, les prétentions illégitimes à l'équité,
et les utopies à la réalité des choses. Qu'il
le sache bien : il peut examiner toutes les
doctrines, même les plus délicates, s'il témoigne à chacune la tolérance et la sympathie
« dues aux grandes manifestations de la pensée humaine » ; s'il ne prétend pas violenter
les esprits par une discussion tranchante et
dédaigneuse ; s'il ne suspecte pas des intentions qui peuvent être très pures ; s'il n'insi-
nue jamais que les unes ou les autres trahissent l'égoïsme ou la cupidité, la paresse ou
mauvaise foi.

Prouvons-le par un exemple d'une brû-
lante actualité. Quelle sera son attitude à
propos des grèves ? S'attachera-t-il uniquement à montrer leurs conséquences funestes :
la fabrication interrompue, l'improductivité
des capitaux, la misère de l'ouvrier, la perte
des commandes pour l'industrie nationale, la
paix publique menacée, la violence et l'émeute
déchaînées ? S'attachera-t-il, au contraire,
comme les énergumènes de tribune, et les
agitateurs de profession, à ne célébrer que
ses bienfaits : l'élévation des salaires, la diminution des heures de travail, l'adoucisse-
ment des règlements trop sévères, la satisfaction des rancunes contre l'employeur ou
son personnel ? Non, il mettra en lumière,
impartialement, ses bienfaits toujours incer-

tains et ses dangers toujours à redouter.

Mais il fera plus et mieux. Personne ne lui en voudrait, je le suppose, de répéter que la grève est un droit absolu, proclamé par la loi du 15 mai 1864, mais un droit limité par d'autres droits inviolables ; qu'elle ne doit pas être contre le patron la violation brutale d'un contrat qui n'a pas été dénoncé, ni pour l'ouvrier la source d'atteintes, graves ou légères, à la liberté du travail.

Sa mission peut être plus élevée encore. Dissiper des malentendus qui provoquent des antagonismes aveugles entre des intérêts également respectables ; détruire des préjugés injustes qui engendrent la haine mutuelle des salariants et des salariés, voilà le but à poursuivre. Qu'est-ce que l'employeur pour l'employé ? Un tyran hautain et dédaigneux, un viveur effréné, un insatiable exploiteur de la misère du peuple. Et qu'est-ce que l'employé pour l'employeur ? Un paresseux endurci, incapable de probité, voué à l'ivrognerie, qui le vole sans scrupule. Si l'école ruinait ces préventions ; si elle montrait, par delà des conflits passagers, parfois plus apparents que réels, la solidarité qui lie le patron et l'ouvier ; si elle les pénétrait l'un et l'autre de cette vérité qu'il n'est pas de conciliation possible sans l'estime, la confiance, la courtoisie, et la bonne foi dans les relations, elle inspirerait l'esprit de justice ; elle éloignerait dans l'avenir nombre de grèves aux causes futiles, dues souvent à l'intransigeance orgueilleuse de l'industriel, à l'ignorance des foules, ou à l'égoïsme féroce des meneurs.

Il leur dira aussi : Ce n'est pas seulement le chômage momentané, l'interruption de la production nationale, l'éloignement des commandes vers l'étranger, la misère de quelques semaines ou de quelques mois qui rendent les grèves si dangereuses ; c'est aussi, c'est plus encore, l'harmonie des individus qui décroit par les excitations des grévistes de profession, l'antagonisme du patron et des ouvriers qui grandit parmi les violences du conflit, la haine des classes qui s'avive au milieu des souffrances du chômage, l'envie qui fermente dans les cœurs et la lutte à outrance qui se prépare pour un avenir redoutable.

Qu'il traite avec autant de franchise, mais avec autant de correction, les questions capitales, aujourd'hui à l'ordre du jour : la limitation des heures de travail, le minimum des salaires, l'arbitrage, les syndicats, les machines, etc… ; il propagera des idées saines, sans blesser personne : il dissipera quelques-uns de ces préjugés qui retardent la pacification générale des esprits et l'union universelle des cœurs.

CHAPITRE IV

LA DISCIPLINE SCOLAIRE

SOMMAIRE. — I. Son but. — II. Ses mobiles (La crainte, l'intérêt, l'amour-propre, l'affection, le sentiment du devoir.) — III. Les conséquences naturelles. — IV. Les sanctions collectives. — V. Procédés puérils à répudier.

I

La discipline scolaire se propose un double but : 1° maintenir l'ordre pour assurer les progrès ; 2° former des esprits droits, des caractères énergiques et des cœurs généreux. Pour l'atteindre, elle doit concilier l'obéissance de l'enfant avec le développement de sa volonté ; asseoir fortement l'autorité sans opprimer la jeune liberté, et se tenir toujours à égale distance de la faiblesse et du despotisme. Mais, à quelles conditions fera-t-elle de l'écolier un être social, c'est-à-dire un instrument de bonheur pour ses semblables ? Recherchons-le rapidement.

II

La crainte. — L'enfant est-il bon ou mauvais ? Question capitale en pédagogie. Si la nature humaine est foncièrement perverse, si l'homme est fatalement voué au mal, l'éducation doit être une œuvre d'autorité et de compression ; et notre premier devoir, c'est d'imposer le bien par la force, par la menace, au besoin par une salutaire terreur. C'était l'opinion du moyen-âge ; un peu adoucie, c'était celle de Port-Royal ; et, de nos jours encore, pour la plupart des personnes étrangères à l'enseignement, la discipline scolaire n'a d'autre fondement et d'autre garantie que la crainte du maître et des punitions.

Mettre la crainte à la base d'un système disciplinaire, c'est ruiner toute éducation sociale à l'école où elle engendre la haine de la règle, l'esprit de rébellion et les résistances invincibles de la force d'inertie. La peur transforme l'enfant en un être passif, sans ressort spontané, inhabile à se conduire dans la vie, esclave docile de ses passions et de l'exemple d'autrui. Elle dégrade l'intelligence, avilit la volonté, provoque l'hypocrisie, et rend les âmes « plus lâches ou plus malicieusement opiniâtres ». En dernière analyse, la crainte fait des êtres serviles ou des révoltés.

Les premiers grossiront plus tard le nombre de ces hommes sans volonté, incapables d'une décision virile et d'un effort énergique, misérables jouets des habiles qui les exploitent, ou victimes résignées des violents qui les tyrannisent. Ils alimenteront cette masse mouvante, qui flotte et qui tremble, entre les partis extrêmes, sans convictions arrêtées, sans aspirations généreuses, sans autre mobile que la peur, sans autre idéal qu'une sécurité dégradante. Par sa servilité, elle menace la stabilité de nos institutions; par sa pusillanimité, elle accroit l'audace des révoltés; par ses défaillances et sa vénalité, elle fraie la voie aux plus misérables ambitieux: c'est la vraie plaie de notre démocratie contemporaine.

Les autres sont plus dangereux encore. Ces instincts de révolte qu'ils dissimulent à l'école, ils les étalent au grand jour dans la vie, enhardis par l'éloignement de l'autorité, et l'espoir de l'impunité. Ils s'attaquent à la collectivité entière, et les moyens les plus violents leur semblent les meilleurs. On les voit prêcher la révolte dans les carrefours, soulever les émeutes, déchainer les guerres civiles, et trouver, au sein même du désordre, les plus sauvages jouissances. Terribles éléments de dissolution, ils tueraient la société si elle ne se défendait par des répressions impitoyables.

Le plaisir. — Un enfant arrive à l'école ; immédiatement, le silence remplace les rires, l'immobilité le mouvement, et l'étude le jeu. Quel changement ! et comment le lui faire accepter ? Présentez-lui un but agréable, répond Fénelon. Le plaisir est en effet un mobile concret qui, agissant spontanément, sans exiger un exercice délicat de l'intelligence, provoque chez le plus jeune écolier, dans la cour de récréation, un entrain fougueux et une active spontanéité.

Jamais il ne trouvera la même séduction dans un travail régulier, qui réclame l'application, l'effort, l'immobilité, et très souvent le silence. Mais plus l'étude lui fera espérer, à bref délai, une récompense matérielle, une historiette ou un livre, un témoignage de satisfaction ou une joyeuse promenade, en un mot un résultat agréable, plus elle sera amusante et se rapprochera du jeu, et plus aussi son attrait sera irrésistible. Le plaisir communique à la bonne volonté une vive impulsion et une énergique persévérance.

Ce mobile n'est pas dangereux avec les plus petits ; mais habituer l'élève plus âgé à tout regarder comme un jeu serait le préparer, d'une étrange manière, à la vie sociale, où l'effort est si nécessaire et la souffrance si répandue, qu'Alfred de Musset a pu dire :

« L'homme est un apprenti, la douleur est son maître. »

Bannissons de l'école toute douleur inutile, soit ; mais n'en excluons pas l'effort et la règle : l'effort, qui fait les connaissances durables ; la règle, qui discipline les cœurs et les volontés.

Nos devoirs sociaux sont souvent pénibles ; que d'efforts infructueux, de bonnes intentions méconnues et d'actions généreuses dénaturées ! Pour que l'enfant brave plus tard la calomnie et résiste à l'injustice, pour qu'il réagisse avec une inlassable persévérance, il faut l'exercer à la lutte au lieu de l'habituer à trouver toujours, devant lui, les sentiers grands ouverts et les « routes faciles et gazonnées. » L'homme qui n'a pas combattu au sortir de l'enfance, est faible devant les résistances, incertain dans l'attaque, anéanti dans l'échec ; ou, s'il réagit, c'est avec la violence exaspérée des faibles qui se révoltent ; mais il est incapable de cette opiniâtreté qui renverse les obstacles, qui assure le triomphe final, parce que l'effort et la peine lui sont insupportables. Or « une société à qui la loi de l'effort et de la peine est devenue insupportable, est une société mûre, aujourd'hui pour l'anarchie, et demain pour le despotisme. » (1)

L'intérêt. — Nous usons de l'intérêt sans réserve, nous en abusons sans scrupule, oubliant qu'il sape la moralité par la base.

Que les idées de devoir et de récompense marchent ensemble ; qu'elles s'appellent et se suivent, rien de mieux, si celle du devoir marche la première et si celle de récompense la suit comme une conséquence naturelle et inespérée. L'écolier aime ainsi la vertu pour ses résultats, ce qui le conduit progressivement, par l'influence de l'habitude, à l'aimer pour elle-même.

Mais, trop souvent, le maître fait miroiter aux yeux de l'enfant, avant même qu'il commence son travail, une récompense immédiate, matérielle, d'ordre tout à fait inférieur, et l'égoïsme devient alors la source unique de son zèle et la loi suprême de sa conduite.

Il fait bien, mais il n'apprend pas à bien faire ; et ses actions les plus méritoires ne créent pas de bonnes habitudes. L'étude est un moyen qu'il rejette après l'avoir utilisé, le moyen de conquérir des titres et de se créer une situation enviable dans la société ; il cesse bientôt de travailler à son instruction, à son

(1) Buisson.

perfectionnement, à cette éducation de soi-même, qui doit se poursuivre au cours de l'existence tout entière.

Il ne faut pas que l'enfant croie à la toute puissance de l'intérêt : il y a autre chose dans la vie, heureusement. Qu'un idéaliste, comme Malebranche, s'écrie en parlant des historiens, des savants et des poètes : « A quoi cela sert-il ? » C'est une boutade qui nous fait sourire ; mais qu'un enfant répète trop souvent ces mots, il nous deviendra vite insupportable et odieux.

L'égoïsme est assez ancré au cœur de l'homme, assez répandu dans le monde pour qu'il faille encore le surexciter sciemment à l'école. N'augmentons pas le nombre de ces êtres âpres au gain, indifférents aux joies et aux douleurs d'autrui, incapables d'un mouvement généreux, qui se considèrent comme le centre de l'univers « où tout doit converger pour leur unique satisfaction » ; qui, à force de s'aimer eux-mêmes et eux seuls, en arrivent fatalement à haïr les autres.

Formons des hommes capables d'accomplir les actes les plus désintéressés, de s'imposer les renoncements les plus coûteux, et ne tombons pas dans cette absurdité de prétendre inspirer la générosité en faisant sans cesse appel à l'intérêt personnel. Sachons-le bien : « l'égoïsme, marchant à sa propre satisfaction, ne change pas de nature en chemin ; il augmente, il devient plus susceptible, plus irritable au contact de l'égoïsme d'autrui. »

L'intérêt est peut-être un mobile d'éducation qui s'impose avec les plus jeunes enfants, mais c'est un mobile inférieur, dangereux, qu'il faut dépasser au plus tôt.

L'amour-propre. — Si l'action valait par elle-même, et non par son inspiration première ; si le but suprême de l'école était de produire un joyeux labeur, quels que soient les moyens employés pour l'obtenir, l'amour-propre serait, par excellence, le mobile de la discipline scolaire. C'est un stimulant énergique, qui provoque la concentration de la volonté, la spontanéité de l'effort et l'opiniâtreté de la persévérance ; aussi ses résultats sont sûrs, rapides, durables et féconds. Sa valeur morale est assez élevée. Supérieur à la crainte qui avilit, au plaisir qui corrompt, à l'intérêt qui dessèche, l'amour-propre témoigne de notre estime pour l'opinion d'autrui ; il constitue un hommage à la dignité de la personne humaine. Mais c'est un sentiment très personnel, un véritable égoïsme, capable de dégénérer en une funeste passion de la concurrence, capable de ruiner le désintéressement et de tarier les généreuses émotions du cœur.

Pouvons-nous en user à l'école,et comment,
sans exercer une influence funeste sur le développement moral de l'enfant ? Guizot répond
d'un mot : « l'émulation d'un à plusieurs est
la seule dont on n'ait rien à craindre ; tandis
que l'émulation d'un à un est toujours accom-
pagnée de dangers et de mauvais résultats. »

La première transforme le condisciple en
concurrent : il est permis, il est louable, de
vouloir le dépasser sur la route commune
suivie par tous. La seconde en fait un adver-
saire isolé, personnel, qui barre le chemin :
il faut l'écarter ou l'écraser pour prendre la
tête. L'une est compatible avec les meilleurs
sentiments ; l'autre produit les « amours-
propres satisfaits », c'est-à-dire la vanité,
l'orgueil, l'arrogance, la dureté; et « les
amours-propres mécontents », c'est-à-dire
l'indifférence, la jalousie, l'envie et la haine.

N'essayons pas d'étouffer l'amour-propre.
Bien placé, c'est un sûr garant de progrès
intellectuel et moral ; c'est le principe même
de la dignité personnelle. Mais usons-en avec
mesure, avec tact pour éviter : 1° de le froisser, 2° de l'exalter.

Dites à un enfant qu'il est étourdi, bavard,
paresseux, malpropre, soit. Dites-le tout haut
et devant ses camarades si vous lui avez vai-
nement adressé ces reproches en particulier,
je n'y vois pas d'inconvénients ; car enfin, il

peut se corriger de ces défauts s'il le veut, en tout ou en partie, par des efforts persévérants et une bonne volonté soutenue. Mais ne lui dites jamais, ni à lui seul, ni devant ses camarades, ni surtout devant un étranger, qu'il est inintelligent et « ne fera jamais rien. »

Vous n'avez pas plus le droit de lui reprocher une intelligence bornée qu'une infirmité physique ; et votre injustice s'accroît de tous les efforts que peut déployer ce petit deshérité. Qui sait si vous ne l'avez pas humilié gratuitement en le faisant lutter contre un camarade plus fort, mieux doué, placé dans des conditions de famille plus favorables. Qui sait si vous ne l'avez pas découragé à jamais par un jugement brutal, prématuré, qui le pousse à la paresse en justifiant cette paresse à ses propres yeux. Vous êtes bien téméraire de condamner un enfant sans appel, à l'âge où ses facultés s'éveillent, où son esprit commence à s'épanouir, sans songer aux forces mystérieuses qui peuvent jaillir brusquement des natures en apparence les plus ingrates, sans vous demander si vous avez su gagner sa confiance et son affection, si vous avez su employer des méthodes convenables pour dégager sa pensée des voiles qui l'enveloppent et des ténèbres qui l'obscurcissent.

Vérités banales, dira-t-on, à force d'être

répétées ! et pourtant que de maîtres, irrités
de l'inutilité passagère de leurs efforts crient
encore à leurs élèves : vous ne ferez jamais
rien ! et le répètent devant un inspecteur,
sans se douter que celui-ci, s'il a pour deux
liards de sens pédagogique, se montrera certainement plus mécontent de ces observations
faites à haute voix, que de toutes les « âne-
ries » qu'on pourrait lui répondre.

Une émulation imprudente, qui exalte et
surexcite l'amour-propre, peut provoquer à
l'école des haines vivaces qui se perpétuent
dans la société. On a vu des émules de l'é-
cole primaire transporter sur le terrain politique, économique, religieux ou philosophi-
que, des inimitiés produites par d'impru-
dentes rivalités d'études.

Préservons donc nos élèves de cette fièvre
de concurrence, de ce besoin de dépasser,
d'humilier, d'écraser un condisciple, qui
transforment nos classes en champs clos où
les plus mauvais sentiments se donnent librement carrière, où parfois ils se traduisent
par des actes malhonnêtes et des scènes de
brutalité révoltante.

Ne proposons plus, à l'activité de l'enfant,
un triomphe individuel sur ses camarades,
mais un pas nouveau à faire dans le domaine
de la science, une victoire sur l'ignorance,
une étape vers le progrès général, un éche-

lon à gravir vers un idéal désintéressé,
comme la pratique du bien, l'amour du vrai,
la création du beau. Cette émulation ne pro-
duira ni orgueil, ni découragement, ni inimitiés. Les élèves lutteront contre un ennemi commun, pour la conquête d'une perfection que tous doivent poursuivre, et dont
tous peuvent se rapprocher, sans violent désir de la prééminence, sans recherche pas-
sionnée des récompenses et des places, avec
la résolution de bien faire et de faire toujours
mieux.

L'affection. — Si l'affection réciproque du
maitre et de l'élève produit chez celui-ci la
bonne volonté, l'effort, la régularité et souvent le bien lui-même, (car on s'attache à
plaire à ceux qu'on aime) il ne faudrait pas
lui attribuer une influence exagérée, ni prétendre fonder sur elle seule tout un système
disciplinaire. Il y a des caractères indociles
et des cœurs secs ; notre tendresse les péné-
trera peut-être lentement ; mais dans la vie
scolaire il est nécessaire qu'ils observent la
règle dès le premier jour, coûte que coûte.
Sans doute les affections enfantines, si vives, si exubérantes, sont un mobile d'action
énergique, mais elles sont trop inégales, trop
capricieuses, trop changeantes, pour produire toujours des efforts prolongés et une

obéissance volontaire à la loi. — N'y a-t-il pas d'ailleurs des élans de tendresse irréfléchis auxquels il faut savoir résister, comme il y a des répulsions aveugles qu'il faut vaincre pour être charitable, ou même pour être juste.

Demander à l'écolier un travail assidu et une conduite irréprochable pour nous être agréable, c'est lui demander un sacrifice qui rebute vite son affection s'il se prolonge ou se répète. N'abusons pas de sa sensibilité, nous l'émousserions rapidement. Ne lui disons pas trop que notre bonheur est attaché au bien qu'il fait : il douterait de notre parole, il s'endurcirait contre notre douleur et verserait dans un scepticisme désastreux.

Certes l'affection est un mobile précieux, mais insuffisant à lui seul ; et il sera toujours bien préférable de se déterminer par le sentiment du devoir que par une impulsion du cœur qui nous égare souvent.

Le sentiment du devoir. — La société récompense peu et punit beaucoup. Elle ne donne ni bons points, ni témoignages de satisfaction, ni livres de prix ; mais elle a des maisons de correction, des amendes, des prisons, des bagnes et des bois de justice. Aussi, quelques-uns pour conformer la discipline scolaire à celle de la vie, veulent supprimer toutes les récompenses et conserver toutes les punitions, c'est-à-dire laisser parler le devoir seul, et châtier ceux qui désobéissent à sa voix. « Si on punit l'enfant quand il fait mal, écrit Kant, si on le récompense quand il fait bien, il fait alors le bien pour être bien traité. » Madame de Saussure allait plus loin : « Lorsque le devoir commande, dit-elle, estimons trop l'enfant pour le récompenser d'en suivre l'appel. »

Agir uniquement par raison, c'est bien l'idéal que nous devons poursuivre toujours, mais sans espérer de l'atteindre jamais avec l'enfant ; c'est le mobile qu'il faut substituer graduellement à tous les autres, dans la mesure du possible, sans penser qu'il puisse suffire à lui seul. L'homme lui même ne s'élève guère à une vertu si haute ; il serait donc ridicule de la demander à l'écolier en lui supposant ainsi une délicatesse de sentiments et une puissance de volonté qui ne sont pas de son âge.

Il est si léger et si versatile ; il s'affranchit si facilement de ses plus étroites obligations, que le sentiment du devoir semble n'agir sur lui que par intermittence, le laissant insensible ou rebelle le plus souvent. Fénelon le savait bien : « On courrait le risque de le décourager, dit-il, si on ne le louait jamais lorsqu'il fait le bien ». Et Rollin conseille l'éloge « pour l'animer sans l'enivrer ».

Qu'il contracte le plus tôt possible l'habitude d'obéir à la loi, parce que c'est la loi, et de faire le bien parce que c'est le bien, c'est l'œuvre même de l'éducation. Pour la réaliser, présentons-lui d'abord le devoir sous une forme aimable. Plus de classes froides et nues ; plus de maîtres au maintien grave et compassé, à la figure sévère et solennelle; plus de règlements étroits, mesquins, tracassiers et durs ; mais des salles coquettes et gaies, des instituteurs aimables et souriants, une discipline large, libérale, fondée sur l'affection réciproque du maître et de l'élève, qui se dégage progressivement de ses éléments inférieurs, comme la crainte, l'intérêt et même l'amour-propre, pour s'appuyer uniquement sur ce mobile supérieur : le sentiment du devoir.

III

La doctrine des conséquences naturelles semble résoudre le problème de la discipline à l'école. Dans ce système, si cher à Rousseau et à Spencer, la sanction, c'est la justice, brutale et inexorable sans doute, mais une justice froide et impersonnelle, qui familiarise avec l'idée de causalité, qui provoque la réflexion et enseigne la prudence. Etranger au châtiment que la nature seule inflige, l'instituteur garde l'affection de ses élèves ; et ceux-ci, que ne gangrènent ni la haine ni la vengeance, conservent intactes, pour la société, toutes leurs puissances de sympathie.

Malgré ces avantages, plus apparents que réels, la doctrine des conséquences naturelles est inapplicable et dangereuse. Rousseau part de ce principe : « Tout est bien sortant de l'auteur des choses, tout dégénère entre les mains des hommes. »

C'est une erreur. La nature humaine est faite de bien et de mal. Prêtez-lui l'appui d'une raison ferme et éclairée, vous diminuez ses chutes, vous hâtez ses relèvements, vous corrigez doucement ses mauvais penchants. Abandonnez-la à elle-même, vous multipliez ses défaillances et vous laissez ses inclinations perverses se transformer en funestes habitudes.

Vous défendez à un enfant de s'approcher de la rivière ; il désobéit et y tombe ; le laisserez-vous se noyer pour lui enseigner la soumission ? Celui-ci est paresseux ; confierez-vous à l'avenir le soin de le châtier, au risque de le vouer à la misère et d'affliger la société d'un parasite éhonté et dangereux ? Celui-là est violent ; attendrez-vous,

pour le punir, l'intervention lointaine et in-
certaine d'un plus violent, pervertissant
ainsi toute votre classe par le spectacle permanent et odieux du triomphe de la force
brutale sur le droit ? Les sanctions de la nature ne sont-elles pas souvent exagérées,
c'est-à-dire injustes ? Si l'enfant se révolte
au lieu de se repentir, il est pire ; s'il se soumet sans résistance, il est pire encore.
Réagir contre l'injustice est un devoir impérieux : le système de Rousseau enseigne le
contraire ; c'est sa condamnation.

La plupart des mauvaises actions n'ont
pas de conséquences naturelles, ou du moins,
le coupable peut les éviter par son adresse.
Il s'agit alors : « non de faire bien, mais
d'être adroit, non d'être sage et honnête,
mais de réussir. Toute la morale se résout
ainsi à une question d'habileté avec l'intérêt
pour mobile ». Ce système multiplierait les
gens sans scrupules qui exploitent leurs
semblables, embusqués derrière la loi, sans
tomber jamais sous ses coups ; qui démoralisent la société plus sûrement par leurs manières louches et leur scandaleuse impunité
qne certains violents avec des crimes que
châtie la justice des hommes.

L'enfant n'est-il pas trop ignorant, trop
peu capable de réflexion, pour comprendre
a froideur et l'impassibilité des lois de la

nature qui le font souffrir ? Il les personnifie ; il les prend en aversion, et il continuera dans la vie — éternel mécontent — à chercher autour de lui, au lieu de le chercher en lui-même, l'auteur de ses maux.

Le tableau des récompenses et des punitions semble une application, à l'école primaire, de la doctrine des conséquences naturelles. Ce tableau énumère les principales fautes de la vie scolaire avec une sanction correspondante. Le coupable cherche et s'applique lui-même la punition qu'il mérite. Ce n'est pas un homme qui le châtie, c'est un réglement dressé par tous et pour tous. Nul effort extérieur, nulle influence étrangère ne pèse sur sa volonté pour la contraindre et l'étouffer. Il obéit à la loi, à la loi seule, et la discipline, qui est immuable parce qu'elle est indépendante de l'humeur et des caprices du maitre, l'habitue peu à peu à une soumission volontaire à la loi.

C'est très joli en théorie ; mais un tel règlement lie l'instituteur qui ne peut ni peser les fautes, ni proportionner la peine à leur gravité. Or, les unes viennent de l'étourderie et les autres d'une méchanceté préméditée ; si celles-ci se produisent pour la première fois et si les autres sont très fréquentes, ne serait-ce pas une injustice flagrante que d'appliquer à toutes le même châtiment ? Et pourtant ce tableau des récompenses et des punitions interdit au maître de tenir compte du tempérament de l'enfant, de son âge, de son degré de culture, du milieu où il vit, de ses habitudes morales, c'est-à dire de ces mille circontances, qui augmentent ou diminuent la gravité de la faute. Plus inflexible que la justice civile qui, pour un même crime, accorde des circonstances atténuantes ou inflige rigoureusement la peine, il exclut la loi Béranger de l'école, au moment même où l'on réclame son extension dans la société.

Si vous admettez l'enfant à plaider sa cause, quelle épreuve pour sa sincérité! Vous le poussez à la dissimulation ; vous l'incitez à mentir à lui-même, à user de sophismes qui atténuent la laideur de ses actes, à vous payer de misérables excuses; en un mot vous l'habituez insensiblement à fuir une responsabilité qu'il devrait revendiquer comme la plus noble prérogative de la nature humaine. Et dans cette classe qui singe ainsi la justice de paix, je ne vois guère en perspective que le trouble et le désordre.

Que les actes de la vie scolaire déterminent manifestement le mérite ou le démérite de l'écolier ; qu'il assiste sans cesse à l'application invariable d'un règlement très net dans ses grandes lignes et bien connues de tous : cela suffit sans l'écrire dans ses plus petits détails, sans se perdre dans les difficultés inextricables d'une application impossible.

IV

A des degrés différents, et sous des formes variées, les sanctions collectives ont existé de tout temps dans l'éducation publique ; mais, préconisées aujourd'hui comme un excellent moyen d'éducation sociale, elles revendiquent une place toujours grandissante dans l'enseignement primaire. Elles découlent de ce principe : l'école ne continue pas la vie de famille, elle prépare à la vie sociale où une étroite solidarité unit tous les hommes. Pas un ne déchoit sans préjudice pour ses semblables ; pas un ne s'élève sans bénéfice pour tous ; pas une de nos actions qui n'imprime à la vie d'autrui une marque ineffaçable. Aider le coupable à cacher sa faute, c'est se faire son complice et mériter d'etre châtié avec lui ; étendre à tous la récompense d'une bonne action, c'est faire aimer et pratiquer la vertu.

Néanmoins les punitions collectives me semblent 1° *Viciées dans leur essence.* Une faute grave est commise. L'instituteur somme l'auteur de se faire connaitre ; il se tait. Il somme ses camarades de le désigner ; ils se taisent. Une punition collective frappe alors toute la classe ; c'est simple, commode et vite fait. Mais si un seul enfant ne connaît pas le coupable, ce n'est pas sa complicité, c'est son ignorance que nous châtions, et nous n'avons pas le droit de le faire.

Toute punition collective confine à l'injustice ou reste stérile. La peine, en effet, doit être proportionnée à la faute commise ; il faut donc ou l'exagérer et tomber dans l'iniquité, ou rester dans la mesure exacte et la laisser inefficace.

La peine doit être plus sévère si elle a moins de chance de frapper le coupable. Or, par le fait même de son silence, c'est-à-dire de sa petite lâcheté, celui-ci est presque toujours un mauvais élève, peu sensible aux punitions dont il a l'habitude. Pour le châtier un peu, il faut châtier très fort ses camarades, ce qui revient à dire que la sanction collective sera douce au coupable et sévère aux innocents; c'est de la justice à rebours.

2° *Inefficaces dans l'application.* — Tout châtiment général est léger malgré le caractère de sévérité qu'on lui imprime. Vous infligez une retenue : nul n'en souffre vivement si personne ne joue dans la cour. Vous inscrivez une mauvaise note sur le carnet de correspondance ; son petit propriétaire s'empresse de dire à ses parents qu'elle résulte d'un châtiment commun, pour une faute dont il est innocent, fût-il le coupable. Ce coupable, il l'invente au besoin, pour mieux les convaincre, ajoutant ainsi le mensonge et la calomnie à sa première faute. Chose plus grave, le père approuve son fils, tout bas s'il a de l'esprit, tout haut s'il n'en a pas ; car la dénonciation répugne à notre fierté. Nous avons la réputation d'être un peuple loyal et franc ; et, s'il est une épithète qui nous blesse au vif, qui fait bondir de colère le plus humble et le moins cultivé, qui constitue la plus cruelle des injures, c'est celle de « mouchard. » Le père nous blâme intérieurement de notre insistance ; il admire la fermeté de son enfant, malgré la mauvaise note qu'elle lui a valu. Et cette fermeté de caractère est une qualité si rare, si précieuse que nous devrions hésiter longtemps devant toute mesure brutale qui pourrait la briser.

3° *Funestes dans leurs conséquences.* — Si le coupable qui se tait est inintelligent, il est bafoué ; s'il est pauvre, il est mortifié ; s'il est faible, il est molesté. Irrités de sa faiblesse et de la punition qu'elle leur vaut, ses condisciples croient s'ériger en vengeurs du courage méconnu, alors qu'ils ajoutent tout simplement une seconde faute à la première ; après une révolte passive contre l'autorité, ils s'avilissent par une cruauté froide et réfléchie. Si ce coupable est robuste, le silence sur sa mauvaise action n'est il pas le triomphe de la force brutale, la défaite des courages et la faillite des dignités? Quelle que soit la cause qui solidarise les enfants dans leur résistance muette aux injonctions du maitre, la punition collective provoque les inimitiés, justifie les sévices et pousse certains écoliers à d'incurables découragements. On se relève d'une faute ignorée ; plus difficilement d'une faute publique. Mais si cette faute a pesé sur tous par la faiblesse de son auteur, celui-ci tombe si bas qu'il recouvre rarement la fierté par l'expiation, et l'estime par l'oubli. C'est une de ces taches dont on ne se lave pas complètement, même à l'école.

Tout châtiment collectif est une victoire pour ceux qui le subissent, une défaite pour celui qui l'inflige. La force matérielle du maitre triomphe, mais son autorité morale succombe. N'a-t-il pas manqué d'habileté dans ses investigations et d'ascendant pour faire jaillir un aveu spontané? Mais si un élève lui disait tout haut, avec une respectueuse fermeté : Monsieur l'Instituteur, le coupable qui se tait commet une lâcheté ; est-ce une raison pour que je me rabaisse au rôle de dénonciateur? Vous ne m'avez confié ni la mission de prévenir le désordre, ni l'autorité nécessaire pour le réprimer; rien ne m'impose l'obligation de vous signaler celui qui l'a provoqué. Supposez le maitre de bonne foi et de sens rassis, que répondra-t-il ?

Qu'un élève se lève et dénonce publiquement son camarade ; qu'arrivera-t il ? Ne nous faisons pas meilleurs que nous ne le sommes; avant d'apprécier cette courageuse attitude, nous nous demanderons d'abord s'il ne satis-fait pas des rancunes personnelles, s'il n'o-béit pas à l'envie et à la haine ; c'est-à-dire que notre second mouvement seul est le bon. Pouvons-nous, sans injustice, exiger que le premier le soit chez l'enfant.

J'avoue d'ailleurs (nous avons tant besoin de volontés énergiques et bien trempées) que cette fermeté de caractère m'inspirerait une certaine déférence, et me ferait hésiter de-vant une mesure trop rigoureuse. Il n'en se-rait pas de même avec des jeunes gens de dix-sept, dix-huit ans, et plus. S'ils se solida-risent avec des révoltés qui se cachent; s'ils bravent, de propos délibéré et de gaieté de cœur, des sanctions redoutables, c'est qu'ils acceptent et revendiquent une responsabilité dont ils sentent toute la gravité. On en ar-rive à exclure des élèves que le sort désigne, pour frapper la masse d'une salutaire terreur. Mais ces mesures draconiennes de sécurité générale, ou même de salut public pour l'é-

cole, n'ont rien à voir avec la saine pédagogie, ni même avec la stricte justice.

Il y a cependant des punitions collectives
qu'une main délicate peut infliger sans inconvénients ; ce sont les punitions purement morales. A la suite d'une faute grave dont l'auteur reste inconnu, l'instituteur se montre
moins confiant, moins affectueux avec ses
élèves. Ils sont peinés de cette attitude ; mais
ils la sentent justifiée, et pas un ne récri-
mine.

En somme, la punition collective n'est ni
populaire, ni réparatrice, ni réformatrice, et
ses mauvais effets surpassent ceux de la faute
commise. Elle prépare peut-être à la vie sociale telle qu'elle est ; mais l'école n'a-t-elle
pas pour mission d'améliorer les collectivités
par l'amélioration des individus et de préparer ainsi à une vie sociale plus pure et plus
élevée.

Les récompenses collectives s'appliquent
au travail scolaire proprement dit ou aux
belles actions. Je redoute les premières ; je
ne crains rien des secondes.

Un enfant fait un très bon devoir ; nous le
récompensons, c'est justice. Mais sommes-
nous bien inspirés de récompenser toute la
classe pour cet effort individuel ? Sans doute,
dans le monde, le travail de chacun fidèle-
ment exécuté, sert à tous ; toutefois le ré-

compenser ainsi à l'école, n'est-ce pas méconnaitre le principe de justice qui dit : à chacun selon ses œuvres ? N'est-ce pas provoquer l'orgueil chez l'un, le dépit et l'envie chez les autres ? N'est-ce pas applaudir déjà et faire applaudir, à l'intelligence, aux facultés de l'esprit, aux dons naturels, plutôt qu'à la bonne volonté et aux qualités de cœur ? Si l'intelligence fait prime dans le monde, nous n'élevons pas nos enfants pour qu'ils fléchissent le genou devant l'iniquité triomphante, pour qu'ils s'accommodent aisément aux injustices sociales, nous les élevons au contraire pour qu'ils puissent les combattre et les vaincre.

Multiplier une telle récompense, ce serait habituer le plus grand nombre à compter sur l'élite, à se reposer sur elle aujourd'hui, et demain sur l'Etat, transformé en une sorte de providence pour les incapables et les paresseux ; ce serait humilier certains enfants qui ont conscience de la médiocrité de leurs ressources. Ils contractent une dette, malgré eux ; et rien ne nous humilie comme une dette lorsque nous avons la certitude de ne pouvoir l'acquitter.

S'agit-il d'une bonne action ? Nous ne récompensons plus un triomphe individuel, mais une grandeur d'âme accessible à tous ; et nous l'encourageons pour l'inspirer. Un

enfant se montre, à un degré supérieur, doux
aux animaux, respectueux pour les vieillards,
généreux pour les pauvres, courageux à défendre les faibles, héroïque dans un sauvetage ; oh ! alors, n'hésitons pas. Une récompense collective s'impose, d'autant plus mar-
quante qu'elle est plus rare. Ce sont ces actions qu'on devrait relater, inscrire sur un
livre d'or, et mettre sans cesse sous les yeux
de l'enfant, plutôt qu'un tableau d'honneur
qui atteste trop souvent des triomphes individuels, permanents, répétés, où la bonne
volonté, le cœur et la moralité, ont parfois si
peu de place.

V

Poussés par un zèle intempestif, ou par le
désir fiévreux de trouver du nouveau, en matière d'éducation sociale, certains en arrivent
à des exagérations ridicules. J'ai vu des instituteurs « rendre des fautes » aux plus faibles, pour égaliser les chances, comme on
donne des points d'avance au billard ou des
tours de piste à un cycliste. Plus de compositions, de concours et de places, s'écrient
ces impitoyables novateurs ; car tout classe-
ment engendre une perpétuelle jalousie et
transforme la vie scolaire en une lutte de tous
les instants. Oh ! farouches censeurs ! vous

n'avez jamais vu ces petits émules de l'école primaire contracter les plus solides, les plus durables amitiés, au sein même de leur rivalité? Vous n'avez jamais vu des parents aisés frayer la voie aux jeunes concurrents de leur fils, préparant ainsi, à leur insu, peut-être, mais qu'importe! le règne de la vraie égalité, par l'estime réciproque du travail, de l'intelligence et de la bonne volonté? Vous n'avez jamais vu ces élèves que la lutte rend modestes par ses alternatives de triomphes et de défaites? Utopistes imprudents! vous nous croyez donc entrés dans une ère divine, ère d'éternelle justice et d'inépuisable bonté, où pas un rival ne se dressera devant nous, où l'âpre lutte pour l'existence fera place à une généreuse association de tous les intérêts, à une assistance fraternelle et sans défaillance? Si oui, vous êtes logiques; mais que penser de votre perspicacité? Si non, vous n'avez pas le droit de jeter l'enfant dans la société, inhabile et désarmé, sous prétexte de hâter la fraternité humaine; autant vaudrait jeter d'inoffensifs agneaux, dans la mêlée hurlante des loups affamés, sous l'absurde prétexte de préluder à la paix générale entre tous les animaux. Vous n'avez pas le droit de lui faire croire que la vie sociale est une idylle enchanteresse, faite d'union et d'amour, où partout des frères l'aideront, où nulle part un rival ne tentera de l'arrêter, ni un ennemi de l'écraser. Vous n'avez pas le droit de lui cacher que, dans ce monde, il faut encore, malheureusement : « courir à travers la foule, en jouant des coudes, culbutant celui-ci, terrassant celui-là, pour arriver à table avant les autres et manger le meilleur morceau ». Non, vous n'en avez pas le droit, car vous produiriez, en lui, lorsque la société lui apparaîtra sous son véritable jour, un scepticisme haineux et un découragement incurable.

D'autres, moins hardis, nous disent : « Classez vos élèves par séries ; les luttes individuelles se perdront dans les luttes collectives, dans d'inoffensives rivalités de sections. Des sections qui luttent les unes contre les autres ! Quelle invention puérile ! Quelle place laissée à l'arbitraire du maitre ! Quelle source d'orgueil pour celui dont la valeur assure le triomphe de sa brigade, et quelle humiliation pour celui dont l'insuccès personnel entraîne l'échec de la sienne ? Ces groupes sont-ils constitués pour une année, un trimestre, un mois ou une semaine ? Si on les change souvent, à quoi bon les former ? Si on ne les change pas, les bonnes volontés se perdent dans l'ensemble ; elles restent sans résultats, et la source de l'émulation et du progrès est tarie. On me dira peut-être : « Cette solidarité dans les sections existe pour les jeux, pourquoi ne pas l'introduire dans les études ? Je répondrai d'abord que le jeu n'est pas le travail. Je dirai ensuite : Regardez dans la cour avec quel empressement on choisit les forts et les habiles ; avec quel soin on évite les faibles et les maladroits ; avec quelle acrimonie on leur reproche leurs fautes ; avec quel emportement mauvais on les accuse d'un échec : regardez, et vous serez édifiés sur vos rivalités de sections.

Que des enfants s'érigent en défenseurs des faibles ; ou, plus simplement, qu'ils se constituent leurs associés, c'est excellent, mais à la condition qu'ils soient guidés par leur bon cœur, par une sympathie spontanée, par l'esprit du devoir social et non par une ridicule réglementation. Il faut que cette tutelle s'établisse d'elle-même, naturellement, sans prescriptions, selon les circonstances et les caractères sinon elle est conventionnelle et fausse ; vouloir l'organiser, ce serait la ruiner.

Supprimez les croix et les médailles, s'écrient-ils ! Conseil opportun, en vérité : nous inventons de nouvelles distinctions tous les jours pour nous ; nous les décernons avec une prodigalité parfois ahurissante ; et nous voulons les enlever à nos jeunes enfants. La société n'a-t-elle pas des multiples décorations pour obtenir beaucoup de ceux qui les méritent et un peu de ceux qui ne les méritent guère ?

Supprimez le tableau d'honneur, nous di-disent-ils encore ! il aggrave le danger des classements. Et je réponds : Pour Dieu ! soyez donc conséquents avec vous-mêmes. L'inscription au tableau d'honneur, c'est peut-être la seule distinction accessible à tous, la seule qui permette de récompenser la bonne volonté à l'égal du succès, et les qualités du cœur à l'égard de celles de l'esprit, sans injustice réelle ni même apparente, car le nombre des inscriptions est illimité et les éléments du mérite qu'il atteste, très variés.

Et ils veulent aussi supprimer les distributions des prix. Je réponds : Soit ! mais vous allez tuer l'émulation et aggraver l'irrégularité de la fréquentation scolaire. J'ai vu des municipalités pauvres donner des livres de prix tous les deux ans ; et j'ai constaté moi-même que l'année de la distribution était invariablement meilleure pour la fréquentation. Si vous les conservez, dit-on, faites que les élèves eux-mêmes décernent les prix. Je le veux bien pour ceux où les élèves sont bons juges, pour des prix de conduite, de complaisance, de bonne camaraderie ; pour les autres, non ; pas même pour les prix d'honneur qui comportent un ensemble de notes que l'écolier ne connaît pas exactement.

Je le veux bien ; mais sans me dissimuler que l'enfant peut voter par envie, contre un excellent élève, et, par malignité, pour un mauvais ; sans me dissimuler qu'il peut se laisser séduire par la fortune ou corrompre par des sucreries et des jouets, en un mot, qu'il peut, lui aussi, trafiquer de son suffrage. Quelques-uns insinuent : Donnez des prix collectifs. Je ne comprends pas ce vocable. On a un prix ou on n'en a pas ; on emporte un ouvrage de l'école ou on rentre les mains vides ; il n'y a pas de milieu. Si vous voulez que ces volumes forment, à l'école, une bibliothèque à l'usage de tous, il faut que le petit lauréat les abandonne spontanément, après les avoir reçus pour lui seul. Songez aussi que ce sont les seuls livres de nos écoliers ; si vous les leur enlevez, où prendront-ils ce premier noyau d'une bibliothèque personnelle que chacun devrait se constituer. Et n'objectez pas que ces ouvrages sont peu intéressants ; car alors pourquoi les donner ? pourquoi les entasser dans nos bibliothèques scolaires que tant de non-valeurs encombrent déjà.

Quelques-uns enfin, voudraient faire désigner par le scrutin le but d'une promenade, le sujet d'un devoir, le choix d'une lecture, la nature d'une récompense, etc., espérant ainsi habituer leurs écoliers à ces discussions courtoises dont la plupart des hommes sont incapables. Ne serait-ce pas créer une anarchie au sein de laquelle les préférences personnelles se surexcitent, les rivalités se créent et les égoïsmes s'exaltent ? Ne serait-ce pas accoutumer l'enfant à traiter légèrement, dans l'avenir, le plus grand acte de sa vie politique, le vote proprement dit. Rejetons toutes ces inventions puériles. Si nous voulons faire l'éducation sociale de nos élèves, que cette éducation soit rationnelle, et surtout qu'elle soit virile.

Ne l'oublions pas, un système disciplinaire bien conçu peut déjà, à l'école primaire, tempérer les éléments de discorde et de haine ; modérer l'individualisme, réfréner les ambitions, atténuer le combat pour les places et les distinctions, adoucir l'âpreté de la lutte future pour l'existence, au profit d'une généreuse et féconde solidarité.

CHAPITRE V

LES RELATIONS DE LA VIE SCOLAIRE

I

A son entrée à l'école, l'enfant est gauche et timide. S'il est pauvre, misérablement vêtu, infirme, son effroi redouble ; c'est un jeune oiseau hors du nid, « un hibou en plein jour, tout effarouché ». Il répugne à la société de ses camarades ; il s'isole et se dissimule. Son seul espoir, c'est de passer inaperçu ; son seul désir, c'est de rester solitaire dans l'angle où il se blottit. Il faut disperser, sans retard, les regards curieux qui le troublent, réprimer les questions indiscrètes qui l'humilient, châtier, sans pitié les rires cruels qui l'offensent, si nous ne voulons pas encourager une froide cruauté, et transformer l'école en un véritable enfer pour les âmes sensibles et délicates.

Quelques élèves résisteraient, grâce à un courage invincible, grâce aux mystérieuses énergies que la douleur fait jaillir des profondeurs de notre être. Ramassés sur eux-mêmes, tous les ressorts tendus, la volonté violemment concentrée, ils frapperaient la table de la main, comme Michelet, et comme lui, ils sentiraient : « une joie virile de jeunesse et d'avenir ». Mais la plupart, incapables de ces résistances opiniâtres et de ces réactions triomphantes, subiraient les plus criminelles oppressions sans murmure, et les tortures les plus odieuses sans révolte. Epargnons-leur cette résignation avilissante, faite de la soumission à la force brutale, et de la crainte servile des représailles, qui engendre, à l'école, l'hypocrisie et de basses rancunes ; dans la société, la ruse, des haines sournoises et d'inextinguibles désirs de vengeance. Pour un Michelet qui pardonne, qui puise, dans les persécutions de son jeune âge, une pitié plus profonde pour les faibles et les opprimés, que d'Alexandre Dumas aspirent impatiemment au jour où ils pourront crier à leur bourreau, avec un dédain écrasant, et une joie mauvaise : « Mon excellent ami, j'ai maintenant la tête de plus que toi ; si tu m'adresses jamais la parole, je te casse les reins ».

Déracinons ce préjugé inique qui étend à

des fils innocents la honte de parents coupables. Si nous avons des élèves timides, craintifs, repliés sur eux-mêmes, au visage assombri par des souffrances morales prématurées, qui s'isolent, courbés sous le poids d'une réprobation injuste, écrasés d'une infamie imméritée, qui devrait exciter la sympathie et provoquer la bienveillance, ah ! protégeons-les de toute notre autorité, de toute notre affection, car il n'est pas de misères plus touchantes que celles de l'enfant. Dissipons leur tristesse ; ouvrons leur cœur par de bonnes paroles ; relevons leur courage abattu par nos exhortations, par l'espoir de réhabiliter leur nom, par la conscience de l'intégrité de leur honneur personnel. L'homme est responsable des crimes qu'il commet ; la loi le frappe, mais elle le frappe seul. Etendre sa honte à sa famille, c'est une injustice flagrante, que nos élèves commettent parfois avec une effrayante sérénité.

Il en est qui atteignent un tel raffinement dans les persécutions, qui témoignent d'une imagination si extraordinaire pour les supplices, qui possèdent un sens si affiné du ridicule, un art si consommé de blesser au vif par une allusion, un mot, un geste, un sourire, un regard, qu'ils semblent ressentir une horrible volupté de la souffrance d'autrui, et posséder des âmes de tortionnaires, à cet âge.

de prétendue candeur et de trompeuse ingé-
nuité.

Essayons d'abord de les ramener à la douceur par la crainte des représailles, par le
souci de leur réputation, par la lecture des
plus nobles traits de générosité, par l'histoire
des héros de la bonté, par d'incessants appels
à l'amour les uns des autres. Mais, si la persuasion est inefficace à réfréner ces mouvements de férocité consciente, il faut frapper
ces mauvais élèves avec la dernière énergie,
et les chasser impitoyablement. C'est faillir
à notre devoir que de nous borner à consoler
les victimes, à les aimer d'une tendresse impuissante, sans prévenir les sévices, sans tarir ces larmes de rage et de désespoir que
l'injustice fait jaillir de leurs yeux, les laissant ainsi se heurter, au sortir même de la
famille, à des préjugés qui les exaspèrent et
les démoralisent, qui les jettent dans une
morne et déprimante misanthropie après
avoir fermé et séché leurs jeunes cœurs. Ne
l'oublions pas, les douleurs précoces diminuent la vigueur de l'organisme, la puissance
de vivre, la lucidité de l'intelligence, la force
de la pensée et l'énergie dans l'action. L'écolier accablé de souffrances prématurées, devient un homme irrésolu, dégoûté d'agir, sans
esprit d'initiative, affligé d'une excessive timidité. Mais, s'il y échappe, il se ramasse

sur lui-même, il contracte des passions silencieuses et fortes, des tendances dominatrices et impérieuses ; il accumule des colères et des rancunes dont souffrent plus tard ceux qui vivent à son contact : « la première empreinte de l'humanité a été funeste, et elle reste ineffaçable ; la mémoire du passé survit dans la haine ».

Comment pouvons-nous prévenir ces mauvais traitements ? Si la crainte seule diminue les persécutions, la violence reparaitra hors de l'école, accrue du plaisir de la rébellion et de la rancune des punitions subies ; la crainte n'améliore pas, elle pervertit. Protégeons nous-même le faible avec vigilance ; plaçons-le sous la protection d'un élève plus âgé. Fier de notre confiance, il fait respecter son petit camarade, il l'introduit dans les jeux, en un mot, il s'acquitte avec joie, et en toute conscience, de la tâche qu'il a volontairement assumée. Partout naît l'amitié, et bientôt les écoliers forment une grande famille où les inimitiés sont passagères et les violences légères, où les mains se serrent en attendant que les cœurs se comprennent et fraternisent.

Lisons ces pages poignantes où Michelet dans « Ma jeunesse », Alexandre Dumas dans « l'Affaire Clémenceau », Alphonse Daudet dans « Jack », nous ont dépeint les tortures de leur jeune âge. Ces infamies révolteront nos écoliers les plus durs, et, par un retour spontané sur eux-mêmes, ils prendront la ferme résolution de les épargner à leurs camarades, et de s'employer à ce qu'ils ne les subissent pas. Au lieu de fuir ou d'accabler ces victimes d'une déplorable fatalité, ils s'efforceront par des prévenances délicates, par de chaudes affections, de ramener la confiance dans leur âme, et le sourire sur leurs lèvres. Il faut agir, et il faut réussir : s'abstenir, c'est encourager les bourreaux et se faire leur complice ; échouer, c'est tuer l'affection et le respect des victimes.

II

L'esprit de domination paraît inséparable, chez l'enfant, de la nécessité d'obéir. Il aime le pouvoir par instinct, et il a en lui le germe, très développé, de cette ambition effective qui recherche l'autorité pour elle-même, bien plus que pour ses apparences et ses bénéfices. Voyez-le dans ses jeux : si les objets lui appartiennent, s'il est le plus fort, c'est un véritable despote qui commande impérieusement, qui multiplie les ordres et les reproches, qui s'irrite de la contradiction et s'exaspère de la plus timide résistance. Abandonnez-le à cette redoutable passion, vous en faites un impitoyable ambitieux, incapable de toute bonté, et même de toute justice, qui ira droit au but, droit à la réalisation de ses desseins, dût il, dans cette marche inflexible, trahir les intérêts et violer le droit de ses semblables.

Mettons en faveur des jeux qui ne comportent d'autres inégalités que l'adresse et l'agilité; intervenons dans ces jeux, pour protéger la naïveté des sentiments, encourager la complaisance et applaudir au désintéressement ; pour interdire ces solitudes qui témoignent d'un caractère égoïste ou susceptible, boudeur ou dissimulé ; pour prévenir, et, au besoin, pour réprimer la colère et les emportements, les injures et les brutalités.

Parfois une altercation suivie de voies de fait se produit dans la cour, et l'un des querelleurs vient se plaindre. Que faire? Si la violence a été légère, renvoyons l'enfant, mais sans brusquerie : il cherche notre complicité pour se venger. Intervenir, ce serait exagérer l'importance de l'incident, favoriser la délation, et aggraver une inimitié passagère. S'abstenir, c'est habituer l'enfant à souffrir un peu sans compensation ; c'est l'endurcir pour les souffrances imméritées que la vie lui réserve ; enfin, et surtout, c'est le familiariser avec cette idée éminemment morale, qu'il vaut bien mieux supporter le mal avec courage que le commettre soi-même ou s'en venger.

Mais si l'injustice est criante, et la violence assez grave, il faut châtier le coupable, pour faire respecter la règle, pour épargner à tous le spectacle immoral de la force primant le droit avec arrogance, en toute impunité. Ce spectacle, hélas ! si fréquent dans la vie, produirait, à l'école, un scepticisme prématuré, capable de briser les volontés et de déssécher les cœurs ; capable de détruire la conviction féconde que la justice triomphera un jour définitivement, et qu'il nous appartient de hâter cette ère d'équité universelle, par une droiture inflexible et une indomptable énergie.

S'il est bon, pour combattre la passion du pouvoir, de dénoncer la destinée misérable de l'ambitieux, de réprimer sévèrement les tendances autoritaires, de châtier, sans pitié, ceux qui provoquent les conflits par leur esprit de domination, de les abandonner parfois à leur faiblesse quand ils se heurtent à de plus forts ; s'il est meilleur de développer les sentiments affectueux, de faire trouver un plaisir plus vif dans la complaisance que dans un pouvoir insolent; le mieux encore, c'est d'amener la masse à se faire respecter ; de fortifier le sentiment de l'égalité et surtout le souci de la dignité personnelle.

Rien ne l'étouffe comme ces intimités à deux ou trois, qui allument les passions, et provoquent les plus précoces dépravations. Reportons-nous à notre enfance ; rappelons-nous le souvenir de certains camarades et et de certaines conversations : nous serons effrayés de la fange qui peut empoisonner les plus jeunes écoliers, des curiosités hâtives qui ont sali leur fraîche imagination, des mots orduriers qui souillent et gangrènent leur cœur, de la terrible contagion qu'ils sèment autour d'eux, de l'immoralité et du scepticisme qu'ils multiplient dans le monde.

III

L'instinct de la propriété apparaît de bonne heure chez l'enfant. Tout jeune, il se cabre si on lui enlève un objet de la main ; et, dans ses jeux, il défend énergiquement ses jouets. Quelques-uns sans doute, les dédaignant bientôt, les brisent ou les donnent ; mais souvent l'enfant s'attache obstinément à ce qu'il possède ; il garde son bien avec un soin jaloux, il l'accroît avec passion, et cet amour exagéré de la propriété peut dégénérer plus tard en un intérêt sordide, en une insatiable passion d'acquérir et de posséder qui feront de lui un monstre d'égoïsme et un impitoyable thésauriseur.

Et ces petits capitalistes endurcis, si attachés à leur bien, ne sont pas toujours respectueux du bien d'autrui. N'hésitons pas à montrer combien la propriété est légitime quand elle s'acquiert par le travail; à laisser souffrir quelque temps, dans la violation de son droit de propriété, celui qui ne respecte pas toujours le bien d'autrui; à châtier le vol sans pitié; à imposer la restitution de l'objet dérobé ou, à défaut, une compensation suffisante; à faire réparer tout dommage causé à des propriétés collectives, aux murs de la cour, aux bancs de ia classe, aux livres de la caisse des écoles, aux fournitures scolaires gratuites, aux arbres de la commune, etc.

Vous verrez plus tard ces petits propriétaires déployer une âpre avidité pour acquérir, et user sans scrupule de ce qu'ils possèdent pour s'agrandir aux dépens des autres. Vous les verrez pousser l'économie et la prévoyance à un degré où elles deviennent aussi condamnables que les défauts opposés; vous les verrez rechercher la fortune pour elle-même, pour les honneurs et les privilèges qu'ils y attachent, pour la domination qu'elle assure, et non pour l'indépendance qu'elle crée et pour les plaisirs de la générosité qu'elle permet. Ne leur laissons pas ignorer que la propriété est aujourd'hui fortement battue en brèche, attaquée sous des formes différentes, et que les services qu'elle rend à l'humanité seront ses meilleurs titres à la vie, si jamais l'évolution sociale se fait par la violence.

IV

Le sentiment de l'égalité a des racines si indestructibles dans notre âme, des fondements si solides dans notre conscience, qu'il a jailli en cris éloquents au sein du despotisme, à la face des servitudes étalant au monde leurs chaînes et leurs plaies.

Ce sentiment est très vif au cœur de l'enfant. Chez lui, en effet, l'enfant cause et joue avec les domestiques ; s'il fait un choix, c'est en faveur des meilleurs et des plus complaisants. Dans la cour, il n'y a ni riches ni pauvres, ni élégants ni misérables ; tous sont mêlés et confondus dans une parfaite égalité, sans autres considérations que celles de l'adresse et de l'agilité. Et ils sont vite ridiculisés ces petits messieurs prétentieux, très soignés dans leur mise, qui pousse déjà « la solennité jusqu'à la sentence et la morgue jusqu'au mépris. »

Ce sentiment naturel est infiniment précieux s'il se conserve dans sa pureté, s'il se fortifie par les relations quotidiennes, s'il passe dans les habitudes morales après s'être éclairé aux lumières de la raison. Mais il est profondément dangereux s'il dégénère en une farouche passion égalitaire, faite de haine aveugle et d'envie impuissante, qui se satisfait en rabaissant tout à son niveau, qui exalte le sentiment du droit et amortit celui du devoir, qui produit l'esprit d'anarchie et l'instinct révolutionnaire, qui pousse à la négation de toute autorité et à l'irrespect universel. C'est à ce sentiment d'égalité à outrance que nous devons ces démagogues égarés, ces niveleurs impitoyables, ces prédicateurs de sédition, ces apôtres du désordre, qui bouleverseraient la société, paralyseraient les énergies, asserviraient les initiatives, comprimeraient les volontés, resserreraient dans un cercle de fer les personnalités les plus puissantes et les aptitudes les plus diverses, dussent-ils tarir la source des richesses et du progrès par cette médiocrité universelle.

Prenons garde : le dédain de l'expérience, l'impatience de la tradition, le mépris de l'autorité, la confiance exagérée dans soi-même s'étalent déjà au grand jour dans toutes les sphères de la société et la mettent en péril.

« Que les enfants conservent donc dans

l'école le touchant idéal de l'égalité. Tout rang, toute fortune, tout habit aux mêmes bancs : le velours et la blouse, le pain noir et l'aliment délicat. Que le riche apprenne là, tout jeune, ce que c'est qu'être pauvre ; qu'il souffre de l'inégalité; qu'il obtienne de partager ; qu'il travaille déjà à rétablir l'égalité selon ses forces. Le pauvre apprendra que le riche est pauvre souvent, de santé, de volonté et de force morale. Ce serait une grande chose que tous les fils d'un même peuple, réunis ainsi, au moins quelque temps, se vissent et se connussent, avant les vices de la richesse et de la pauvreté, avant l'égoïsme et l'envie. » *(Michelet)*.

L'égalité s'établit d'elle-même à l'école. Le besoin d'activité, l'ardeur du jeu, une sympathie irraisonnée y chassent vite le sot orgueil de la naissance et de la fortune, et préservent les uns des folles prétentions de la vanité, et les autres des bassesses de la convoitise.

De notre côté, évitons avec soin toute préférence, fût-elle involontaire ou même inconsciente ; l'enfant la saisit vite et la ressent vivement. Un sourire plus facile, un accent plus affectueux, un geste plus caressant, une vigilance plus attentive, un pardon plus prompt suffisent à provoquer la jalousie et le découragement, les sourdes colères et les

rancunes vivaces : l'école manque à sa mission ; « elle cesse d'être l'asile de l'égalité,
c'est-à dire de la justice. »

N'abandonnons pas les vaincus ; ne les laissons pas succomber sous le poids d'une défaite. Pour prévenir le découragement, pour
relever les courages abattus, il suffit de reconnaitre les efforts accomplis, d'applaudir
aux petits succès, de faire entrevoir les
chances favorables d'une nouvelle rencontre,
et surtout de témoigner à tous confiance et
affection. Notre exemple sera salutaire. Celui
qui triomphe sera plus modeste dans le succès, plus tendre pour ses rivaux, plus dis-
cret dans les joies de la victoire ; car il y a,
chez tout enfant bien né, comme une divination instinctive de ce qui peut réjouir ou at-
trister son camarade, divination qui s'explique
par une précoce sagacité, qui se manifeste
sous l'impulsion de la sympathie et qui produit dans la société une bienveillance naturelle dont le prix est inestimable.

Avec les tendances qui surgissent aujour-
d'hui ; avec la rapidité toujours croissante
de la production due à l'emploi des machines,
il est certain que l'ouvrier jouira bientôt de
loisirs plus nombreux. A quoi les emploiera-
t-il ? A la vie de famille, à son instruction, à
des distractions honnêtes, ou à l'oisiveté et
aux vices qu'elle entraine ? Question très dé-

licate ; car notre société actuelle impose au travailleur manuel une tâche si absorbante, si tyrannique, si impitoyable, qu'elle ne lui laisse ni temps ni goût pour les plaisirs de l'esprit. Il est donc urgent de relever le niveau des goûts de son fils ; d'élargir le cercle de ses idées ; de le préparer à goûter ces jouissances de l'art, de la poésie, de la nature, qui sont égales pour tous, et s'accroissent à mesure qu'elles se partagent ; de lui ouvrir de vastes horizons où se puisse dilater son âme, qu'oppriment trop souvent de dures nécessités matérielles.

C'est donc aux pauvres, aux déshérités de l'intelligence, que nous devons surtout prodiguer notre dévouement. C'est dans ces esprits obscurs qu'il faut faire pénétrer les premiers rayons de la lumière ; c'est « dans ces cœurs desséchés qu'il faut verser une douce et fécondante rosée, » et c'est la seule préférence qui ne me paraisse pas absolument condamnable. Partout ailleurs, que les distinctions s'attachent au mérite ; que l'enfant compte pour nous, non par sa naissance et sa fortune, mais par lui-même, par sa bonne volonté et sa moralité.

Nous lui dirons ensuite avec un ton d'inébranlable conviction : l'inégalité ne disparaîtra jamais complètement. En produisant sans cesse des robustes et des faibles, des infirmes et des valides, des maladroits et des habiles, des actifs et des paresseux, des prudents et des imprévoyants, des esprits vifs et d'autres lourds, des mémoires heureuses ou ingrates, des imaginations brillantes ou frustres, des jugements sains ou faux, des vertueux et des pervers, la nature engendre fatalement des inégalités dans le travail et la production, et, par suite, dans la consommation. Ne cherche donc l'égalité absolue ni dans la force physique, ni dans la beauté, ni dans l'intelligence, ni dans la richesse. Tu la trouveras d'abord là où elle ne dépend pas de toi, devant la maladie, la douleur, la vieillesse et la mort. Tu la trouveras devant le droit et le devoir, et là il t'appartient de la faire régner. Ne désespère pas : les inégalités s'atténuent par une organisation sociale meilleure, par le développement de la solidarité au sein des classes laborieuses. Déjà la naissance décide moins de la pauvreté et de la fortune ; l'intelligence, la conduite, l'énergie, la persévérance font prime dans le monde. Déjà notre démocratie facilite l'acquisition de la propriété aux pauvres, en donnant aux plus humbles, par l'association, une puissance inconnue jusqu'à nos jours, Voilà des conquêtes précieuses que tu dois poursuivre sans relâche. Et si l'excessive disproportion des fortunes et des conditions

blesse encore ton désir de justice distributive et d'égalité sociale, sache borner tes revendications aux seules réformes équitables
et possibles, à celles qui, actuellement, sont
à ta portée : à l'amélioration du sort des sacrifiés par la solidarité, au rapprochement
des classes hostiles par la fraternité, au progrès de la justice universelle.

V

Il se forme parfois, à l'école, une force mystérieuse et souvent méconnue, une sorte
d'âme collective dirigée contre le maître,
dont les idées et les sentiments diffèrent des
idées et des sentiments de chacun des élèves
pris en particulier. Gagné par une irrésistible
contagion, encouragé par la conscience d'être
le nombre, c'est-à-dire la force, enhardi par
l'irresponsabilité qui se cache derrière les
foules, l'écolier s'abandonne à ses instincts
avec une audace dont il est incapable lorsqu'il
est seul. Il reçoit sans résistance, l'impulsion
de ses camarades, ce qui produit la mobilité
dans ses volontés, la crédulité dans ses opinions, l'intolérance dans ses idées, et parfois
une sorte d'inconscience dans ses actes.

Lorsqu'il cède à cette suggestion presque
irrésistible, il peut s'élever au-dessus du niveau ordinaire de sa moralité ; mais le plus

souvent il tombe bien au-dessous. Nous le voyons abdiquer ses opinions pour suivre un énergumène qui lui impose par sa force physique, par le prestige de sa naissance ou de sa fortune, par l'ascendant d'une volonté énergique, « par une confiance en soi-même imméritée ». Il le craint et l'admire ; il l'imite et le soutient ; et, comme ce sont souvent les médiocres qui dominent, le niveau de la classe s'abaisse. L'esprit d'initiative diminue, l'énergie de la volonté faiblit ; la conscience de la responsabilité s'altère ; le sentiment de la dignité personnelle s'émousse : « il obéit à un sot esprit de corps, se modèle sur un certain idéal de brusquerie, d'indifférence farouche, de goguenardise, de gouaillerie et de rudesse. Il souffle la leçon du paresseux qui est un ami, et déconcerte le travailleur qui est un ennemi ». Voilà un futur électeur sans opinions arrêtées, dépourvu d'esprit critique, esclave des meneurs qui l'entraîneront par leurs flatteries, par des appels pressants à ses convoitises, par des formules toutes faites et impérieusement répétées, par des mots dont la puissance magique est d'autant plus grande, qu'ils sont moins compris de ceux qui les entendent et peut-être même de ceux qui les prononcent.

N'essayons pas de réprimer toutes ces manifestations, d'arrêter brusquement un courant si puissant. Soutenu et encouragé par la masse, l'enfant sentirait se réveiller en lui cette impatience de tout frein, cet âpre désir de triompher à tout prix, que nous avons dû détourner ou réfréner pour établir notre ascendant sur lui. Une rigueur implacable créerait des conflits incessants, et provoquerait des mouvements tumultueux capables de nous déborder. Gagnons cette force à notre cause ; tournons-la vers le bien, et nous posséderons le plus puissant de tous les instruments d'éducation sociale.

Il est impossible d'ailleurs de combattre face à face cet insaisissable esprit de corps, d'anéantir cette force mystérieuse, disséminée chez tous, qui recule devant la lutte individuelle, pour se reformer, en arrière plus ardente et plus résolue. Frapper un seul enfant pour une hostilité générale, sourde et cachée, c'est manquer à la justice, c'est exaspérer la masse dont les sympathies se manifestent volontiers contre l'autorité; punir la classe tout entière, c'est déchaîner une guerre continuelle qui tue l'affection réciproque du maître et des élèves.

Pour restreindre ces manifestations collectives, visons le meneur. Nous le connaissons très souvent, même s'il agit dans l'ombre et le silence. Après avoir essayé de le ramener au bien, sans faiblessse qui l'enhardisse, démasquons-le pour ruiner son autorité, et jetons-le à bas du piédestal où il a su se hisser. Il domine par une réputation usurpée ; il faut l'en dépouiller. Regardons-le en face, perçons à jour son hypocrisie, et nous ruinerons son prestige. Embusqué derrière les naïfs, il sert ses intérêts et ses rancunes, semblable déjà à ces chefs d'émeute qui dressent rarement les barricades et ne les défendent jamais ; qui s'évanouissent quand l'incendie s'allume, quand le pillage commence, quand la mort frappe ; mais qui reparaissent après la répression, pour exalter les victimes et maudire les justiciers.

Avec lui, pas d'emportements ni de colères: il les compterait pour des triomphes, mais l'ironie. Raillons sans pitié ses prétentions, ses faiblesses, ses défauts, ses échecs ; et ne craignons pas de frapper fort : plus il est d'esprit indocile et de cœur sec, plus il sera dangereux pour ses semblables. Avec ses camarades, soyons fermes sans brutalité, et indulgents sans faiblesse. Ne froissons pas, ne ridiculisons pas un sentiment de solidarité mal compris, mais qui, en s'épurant, sera d'un prix inestimable dans la société. Ne semons pas la discorde et la haine pour rompre leur pacte, verbal ou tacite, nous souvenant toujours que la fidélité aux engagements que nous pouvons violer impunément est trop rare dans la vie pour la diminuer sciemment à l'école.

Inspirons à l'enfant le désir, le besoin d'agir en connaissance de cause, après réflexion, au lieu de s'abandonner, mêlé à la foule de ses camarades, à des actes dont il rougit lorsqu'il est seul. Fortifions en lui le sentiment de sa personnalité. Elle est si faible encore, si indécise, qu'elle semble s'ignorer. Que de mobilité dans ses manifestations, d'inconstance dans ses jugements et de contradictions dans sa conduite! Comme il adopte sans contrôle les opinions d'autrui! Comme il cède sans résistance à ses passions naissantes! Inspirons-lui de bonne heure une confiance inébranlable dans ses énergies morales ; laissons-lui une liberté dont il est fier; usons, dans ses défaillances, de viriles exhortations qui réconfortent et non de châtiments qui avilissent ; gagnons sa volonté à une obéissance spontanée et raisonnée ; en un mot, pour faire de lui un homme, traitons-le comme s'il en était un déjà. Et nous le verrons peu à peu s'honorer de sa responsabilité, établir son individualité, et s'imposer dans le monde par sa personnalité consciente et libre.

Mais gardons-le de cette personnalité qui dégénère en un souci unique de nos intérêts, qui ne peut s'abstraire d'elle-même, qui accepte tous les petits sacrifices sans s'en imposer aucun, qui crie à la tyrannie à la moindre exigence des autres. Cette personnalité inquiète et frondeuse, égoïste et hargneuse, éloigne la bienveillance, refroidit l'amitié, tue le respect, obscurcit le sentiment de la hiérarchie, et produit la discorde et les inimitiés.

Ainsi réglées, les relations de la vie scolaire développent des qualités qui se perdent rarement : le respect de la loi, l'amour de la justice, l'instinct très vif de l'égalité, le sentiment de la solidarité, l'estime du travail, la fidélité au devoir quotidien, une répugnance invincible pour ce qui est vil et bas ; c'est-à-dire qu'elles sont la source féconde où doivent s'alimenter les plus belles vertus de la vie sociale.

CHAPITRE VI

LES PRINCIPALES VERTUS SOCIALES

SOMMAIRE. — I. La Justice. — II. La Charité. —
III. Le Respect. — IV. La Tolérance. — V. La
Sincérité.

I

La notion de justice est-elle un principe
inné de notre nature ? N'a-t-elle été, à l'origine, qu'une idée de compensation et de dé-
dommagement ? un vif mouvement de défense
personnelle généralisé par la sympathie, ou
l'utile assimilé au bien par l'évolution et l'hérédité ? Nous n'avons pas à le rechercher. Il
nous suffit de savoir qu'elle est aujourd'hui
fondamentale, constitutive de l'esprit humain, et qu'elle apparaît de bonne heure chez
l'enfant, très nette et très claire. Il démêle le
juste et l'injuste avec une perspicacité si
étonnante, avec une sûreté si extraordinaire,
que cette notion semble se matérialiser et
tomber sous ses sens. Ce sentiment intérieur

se soulève en reproches, il éclate en récriminations à la plus légère injustice dont il souffre ou croit sincèrement souffrir. La partialité révolte sa conscience et fausse son jugement.

Et cependant que d'injustices commises à l'école ! Ne voyons-nous pas, à chaque instant, des élèves copier leurs devoirs et tricher dans les compositions ; omettre volontairement leurs mauvaises notes et majorer les bonnes ; exagérer les fautes de leurs camarades et diminuer les leurs ; bouder celui qui réussit, empiéter sur sa place, remuer son banc ou le pousser du coude ; salir ses livres et ses cahiers, cacher son porte-plume et briser son crayon ; exciter la classe tout entière contre lui ; le desservir par des médisances et des calomnies, et, sournoisement accuser le maitre de partialité en sa faveur ? Ne les voyons-nous pas tromper sciemment leurs condisciples ; mentir à leurs promesses, violer leurs engagements ; user, sans autorisation et sans soin, des objets d'autrui ; garder ce qu'on leur prête ; s'approprier ce qu'ils trouvent ; multiplier les petits larcins ; détourner les soupçons sur les autres ; incriminer sans cesse celui qui a failli une première fois ; reprocher, par dépit et par envie, à certains enfants, les actes de leurs parents ; s'excuser de leur négligence en accu-

sant leurs camarades de vol ; et, s'ils sont
moniteurs ou surveillants, favoriser celui-ci,
persécuter celui-là, par intérêt, par rancune, ou par pure méchanceté.

Dans la cour, la force primerait le droit si
le maître n'intervenait pas pour protéger la
liberté des faibles contre le caprice et la tyrannie des forts. Sans lui, les plus jeunes
tourneraient sans cesse la corde et les autres sauteraient ; les uns feraient toujours le
cheval et les autres le cocher ; les aînés choisiraient la meilleure place, expulseraient d'un
coin de la cour les élèves qui l'occupent, ac-
capareraient l'ombre en été, et le poêle en
hiver, imposeraient leurs jeux sans en tolé-
rer d'autres, choisiraient leurs associés parmi
les plus habiles, accableraient les maladroits,
écarteraient ceux qui leur déplaisent, et re-
jetteraient sur autrui la responsabilité de tous
leurs échecs. Sans lui, ils détruiraient les
jouets, détérioreraient les vêtements, arra-
cheraient les cache-nez et les cravates, jetteraient bas, dans la boue, les casquettes et les
chapeaux, bousculeraient les fillettes dans
les écoles mixtes, violenteraient les faibles
pour se faire donner des friandises, pour les
obliger à l'échange d'objets d'inégale valeur,
à des jeux intéressés où ils les dépouillent
aisément et sans risque. Sans lui, ils se ven-
geraient plus que ne comporte l'offense, ré-

clameraient au-delà du dommage éprouvé, forceraient les plus petits à porter leur sac, et traiteraient les estropiés, les infirmes, les faibles d'esprit, comme ces poules, dans une basse-cour, qui frappent d'un coup de bec, à tour de rôle, celles que la maladie empêche de riposter.

D'où viennent ces actes d'injustice si nombreux et si répétés ? C'est d'abord de l'ignorance de l'enfant et de sa légèreté. Il les accomplit parfois sans une intention foncièrement mauvaise, sans se rendre un compte exact de leur gravité, sans en prévoir les conséquences, sans réfléchir à l'immoralité commise. C'est ensuite de ses défauts ordinaires : la colère, la jalousie, l'envie, l'orgueil, la vanité ; le remède consiste alors à les extirper de son cœur et à les remplacer par des sentiments altruistes. C'est encore de mille petits intérêts opposés qui se heurtent et provoquent les luttes. L'idée de justice ne lui apparaît avec un caractère rigoureusement obligatoire et sacré que s'il s'agit de lui-même ; et très souvent il se révolte contre l'injustice qui l'atteint tout en méconnaissant la justice pour les autres. C'est enfin et surtout de la famille. Sans parler de ces parents criminels qui poussent, qui dressent leurs fils, au vol, et recèlent leurs larcins, combien en est-il qui les démoralisent par leurs conseils et leurs exemples ! Deux faits entre mille. 1° Une institutrice m'écrit : « Une fillette ayant trouvé une pièce d'argent dans la rue me l'apporta (j'avais fait la veille une leçon sur les objets trouvés.) A midi, elle me demanda de la lui rendre, car, dit-elle, maman m'a dit qu'elle m'appartient. Et la maîtresse termine par cette réflexion mélancolique : Une parole de la mère avait détruit, dans l'esprit et le cœur de l'enfant, l'idée de justice que j'avais essayé d'y faire germer ». 2° Un garçonnet de 10 ans pénètre furtivement dans la classe, ouvre le bureau de son maître, dérobe une pièce de 2 francs et la remet à sa mère qui la dépense sans scrupule. — Quelques jours plus tard, l'enfant pressé de questions avoue son larcin ; mais la mère, en présence de son fils, nia jusqu'à la dernière extrémité avoir reçu et gaspillé cet argent. — A côté de ces faits graves, combien d'enfants voient régner chez eux l'arbitraire, le caprice, les préférences imméritées, en un mot l'injustice ; injustice dans les affections, dans les soins, les caresses, les récompenses, les châtiments, et qui, aigris et désorientés, transportent à l'école les funestes habitudes de la famille.

Que ces actes d'iniquité si nombreux, si répétés, ne nous irritent ni ne nous découragent. L'écolier qui les accomplit, à son profit, en a pleine conscience ; il en souffre très vivement, s'ils l'atteignent, et là est le remède.

Montrons-lui que son intérêt bien entendu est d'être juste : l'injustice aliène les sympathies, provoque les inimitiés et suscite des représailles. La suprême habileté, à l'école comme dans la vie, c'est encore l'honnêteté et la loyauté.

Habituons-le à rentrer en lui-même, à sentir vivement les douleurs de l'iniquité qu'il subit pour bien comprendre celles de l'iniquité qu'il inflige, pour reconnaître sa faute et réparer le dommage causé, pour prendre de fermes résolutions d'avenir. Et sa conscience lui dira alors : « Tu ne peux, sans un égoïsme odieux, tromper, tyranniser, spolier, asservir et transformer en souffre-douleur « des êtres plus faibles, mais qui, comme toi, doivent avoir leur place au grand soleil de la justice et de la liberté. » L'essentiel, c'est qu'il prononce sa propre condamnation, qu'il se formule, à lui-même, le principe méconnu, et, par opposition, celui qu'il doit suivre.

S'il est nécessaire de sévir, que le châtiment soit réparateur et moralisateur, c'est-à-dire qu'il soit de la nature de la faute commise. Le dernier rang au tricheur, le « piquet » à qui trouble les jeux ; le retrait de bonnes notes à qui les a majorées, la restitution à l'auteur du larcin ; une compensation suffisante au destructeur, et, au délateur, une peine au moins égale à celle du coupable qu'il a dénoncé. Chacun sentira mieux la conséquence de ses actes, et sera plus disposé à reconnaitre ses torts et à les réparer.

Accordons une grande confiance à nos élèves pour ne pas les exciter à nous tromper ; et croyons à leur sincérité pour ne pas ramener sans cesse leur esprit vers la dissimulation. Parlons leur en particulier ; ne divulguons pas leurs iniquités sans une nécessité absolue ; en un mot, ne les humilions pas trop : « il y a dans l'âme des tristesses qu'il faut ménager, les éveiller suffit ; la honte est de celles-là. »

Dans certaines écoles existe un petit tribunal composé de membres élus parmi les élèves, et destiné à juger les contestations qui s'élèvent entr'eux. Les décisions sont généralement admises ; tous ont confiance dans le verdict de camarades désintéressés ; et, pour eux, c'est la vraie justice, la leur, celles qu'ils se rendent à eux-mêmes, la justice du maitre ayant toujours un peu le caractère de l'autorité et la forme d'une contrainte.

Citons l'exemple de ces élèves qui ne se départissent jamais d'une droiture inflexible, d'une parfaite loyauté, manifestant ainsi, dès l'âge le plus tendre, des habitudes d'honneur et de délicatesse qui seront leur éternelle sauvegarde dans la vie. Prodiguons-leur manifestement, confiance et affection ; ne témoignons aux autres que froideur, méfiance et dédain, ceux ci ne résisteront pas à cette différence de traitement, ils s'achemineront vers l'équité, d'une marche lente, mais sûre, irrésistiblement gagnés par cette vertu elle-même et par la fécondité de ses résultats.

Servons-nous de l'instruction proprement dite. Les devoirs de justice ne forment-ils pas le fond même de l'enseignement moral dont nous constatons aujourd'hui l'heureuse efficacité ? L'histoire n'est-elle pas une per-pétuelle école de justice qui inspire l'estime pour les bons et le mépris pour ceux qui ont accompli l'injustice sciemment, à leur profit. Et si l'iniquité triomphe parfois au cours des siècles, présentons-la dans toute sa laideur, et son succès même la rendra doublement odieuse. Une dictée, une lecture, une récita-tion, ne peuvent-elles, à chaque instant, for-tifier l'idée de justice. Je m'arrête : on ne démontre pas l'évidence.

Soyons justes nous-mêmes, surtout ; dans les plus petites choses, comme dans les plus grandes. L'écolier oubliera les punitions les plus sévères si elles sont équitables ; mais il

conservera dans l'âge mûr, et jusque dans
la vieillesse, le souvenir haineux des châtiments qui lui auront paru entachés d'iniquité.
Je ne parle pas, vous le pensez bien, de cette
injustice brutale et cynique, qui s'explique
par la situation de fortune des parents, par
l'autorité qu'ils exercent, l'influence qu'ils
possèdent, et les cadeaux qu'ils prodiguent.
Tous nos éducateurs ont le cœur trop haut
placé ; ils ont un sentiment trop vif de leur
dignité pour se rabaisser à de telles vilenies.
Mais ils peuvent se laisser attirer par une
tenue plus soignée, un extérieur plus propre,
une physionomie plus heureuse, une intelligence plus ouverte, comme ils peuvent se
laisser rebuter par une mise négligée, par
la laideur des traits, par une médiocrité
d'esprit désespérante. Il faut résister à ces
influences, accepter les enfants comme ils
sont, leur témoigner la même bonté, leur
prodiguer les mêmes soins, sans mouvements
d'humeur, sans inconséquences, sans punir
aujourd'hui ce qui a été toléré hier, sans
affecter en ce moment une sévérité excessive
et plus tard une tolérance outrée. Il faut
surtout que nos seules préférences aillent
manifestement, et toujours, à la bonne volonté,
au travail et à la moralité.

II

L'enfant est un petit égoïste ; ses renoncements sont courts, ses élans d'abnégation
très rares, et on ne les obtient guère que par
la promesse d'une récompense. Il aime celui
qui l'aime ; il fait aux autres ce qu'ils lui font ;
et, parfois, exagérant la valeur de ce qu'il
donne, et diminuant celle de ce qu'il reçoit, il
rend avec peine ce qu'il a reçu. Toutefois, il
s'élève assez vite au-dessus de cet égoisme
et il est capable de charité à son entrée à
l'école.

Prouvons-lui, au plus tôt, que cette vertu
n'est ni un plaisir de luxe, ni un privilège exclusif de la fortune. Son domaine immense
renferme tout le bien que nous pouvons faire
à nos semblables. Souhaiter ardemment le
bonheur d'autrui ; donner un bon conseil ou
un bon exemple, consoler les affligés ; apaiser les querelles ; réconcilier des ennemis ;
défendre les absents contre la calomnie et la
médisance ; procurer du travail à qui en manque ; veiller sur un malade abandonné ; re-
cueillir, instruire et élever un orphelin ; préserver l'homme de la chute ; relever avec
bonté celui qui tombe ; en un mot, se pencher
sur les humbles pour faire leur tâche moins

rude et leur peine moins amère : que d'occasions de pratiquer cette douce vertu, qui a du baume pour toutes les blessures et des consolations pour toutes les douleurs, qui inspire les plus belles actions et les plus sublimes dévouements.

N'est-elle pas pratiquée à l'école et souvent par les plus pauvres ? Un mot de l'instituteur, s'il a de l'autorité et du tact, s'il est aimé surtout, fait affluer, pour les indigents, les jouets abandonnés, les vieux vêtements, les plumiers défraîchis, les livres qui ne servent plus et les oboles particulières. Un mot de lui, et nos écoliers se parlent sans hauteur, sans brutalité, en s'abstenant de toute ironie et de tout dédain ; ils s'expliquent leurs devoirs, s'encouragent dans leurs efforts, se consolent de leurs échecs, se félicitent de leurs succès, se prodiguent les bons conseils, se défendent mutuellement contre toute insinuation perfide, proclament la vérité faussée et le mérite méconnu, s'exerçant à supporter leurs défauts, à pardonner les légères offenses et les petits dommages; ils s'exhortent au travail, sollicitent le pardon d'un camarade qui se repent, copient les devoirs pour un absent et vont répéter les leçons à un petit blessé.

Et dans la cour ! Ici une fillette prête ses jouets, partage son goûter, distribue des friandises et fait passer sa gourde à la ronde ; ce dernier acte contraire à l'hygiène sans doute, mais conforme à la charité. Là, un garçonnet plus fort et plus habile, fait recommencer le jeu à un maladroit, ramasse la balle d'un boiteux, introduit les nouveau-venus dans la partie, modère l'ardeur générale pour permettre aux plus faibles de jouer, apaise les disputes, réconcilie les petits rivaux, réprime les tendances dominatrices, protège les estropiés, les disgraciés, les infirmes, parfois en distribuant quelques taloches mais en s'exposant à en recevoir. En un mot, il semble n'user de sa supériorité que pour faire régner, dans les divertissements communs, la justice et l'égalité, la douceur, et la complaisance. Qu'une petite écolière trébuche et roule dans la boue : dix grandes s'élancent à l'envi pour la relever, nettoyer ses vêtements, laver ses mains et sa figure, et panser ses blessures, pour la consoler, l'embrasser et la faire jouer avec elles. Regardez là-bas, dans ce coin : assis en cercle, presque immobiles, quelques bambins tiennent compagnie à un infirme ; ils partagent avec lui des jeux paisibles, les seuls, hélas ! qui lui sont permis.

Les voici hors de l'école. Celle-ci abrite sa compagne sous son parapluie, et, d'un pas alerte, elle porte une poupée à une pauvrette malade ; celle là s'empresse de faire les commissions d'une voisine impotente. L'un rencontre une femme âgée qui traine un lourd fardeau, et, bravement, il pousse la charrette; l'autre, prend par la main un camarade infirme ; il soutient ses pas hésitants et surveille chacun de ses mouvements avec une touchante sollicitude. Et ces actes de charité se produisent même à l'école maternelle, où l'on voit des bébés se soutenir dans leurs défaillances, s'entr'aider dans leurs besoins et se soulager dans leurs peines. Oui, j'ai vu des enfants de cinq et six ans tenir les plus petits par la main, dans la cour et dans la rue. Je les ai vus les relever s'ils tombent, renouer leurs souliers, boutonner leurs tabliers, passer leurs manteaux, les défendre si on les attaque, et les embrasser s'ils pleurent. Petits détails ! dira-t-on, soit ! mais la vie scolaire en est faite, et elle est la préparation directe, immédiate, à la vie sociale. Ces actes de bienveillance ne sont peut-être que la menue monnaie de la charité, mais il faut néanmoins encourager nos élèves à la dépenser sans compter, car elle n'est chez eux ni un calcul ni un sport; c'est une effusion spontanée de leur âme. Et sur ce point, l'influence de l'instituteur peut être toute puissante.

Les occasions ne manquent pas d'exercer la charité à l'école. Il y a, dans toutes les classes, des indigents, des infirmes, des pauvres d'esprit, et parfois des victimes d'une déplorable fatalité ; et l'on trouve de tout jeunes enfants, initiés de bonne heure à la charité, qui leur témoignent une bienveillance précoce, souvent ingénieuse, toujours naïve et touchante. Ils recherchent ces petits parias d'une société enfantine déjà cruelle, prennent leur défense, adoucissent leurs privations matérielles par une générosité active, et leurs souffrances morales par de chaudes sympathies, comprenant déjà les douleurs cachées et ouvrant leurs âmes aux malheureux. Une joie intérieure profonde, l'estime du maître, l'affectueuse reconnaissance de l'obligé, voilà des récompenses qui les encouragent. Ils exercent dans la classe une influence morale considérable; tous la subissent. En voulez-vous la preuve ? Faites attribuer par les élèves un prix au meilleur camarade, il emporte l'unanimité des suffrages, en dépit de la vanité et de l'envie qui cèdent, un moment vaincues. Proposons-le comme modèle, avec tact, avec discrétion ; son exemple deviendra plus contagieux.

Bien des personnes sont si dures, si insensibles à la misère d'autrui, parce qu'elles ne la voient pas et manquent d'imagination pour se la représenter. La mère de Lamartine le savait, qui associait ses enfants à ses au-

mônes, qui les exerçait à la pratique de la
charité, les habituant ainsi à n'avoir aucune
de ces répugnances qui rendent plus tard
l'homme faible devant la maladie et inutile à
ceux qui souffrent. Imitons-la ; peignons la
misère avec des traits précis, avec des couleurs fortes et crues, avec des descriptions
poignantes.

N'hésitons pas à montrer ces enfants exploités et martyrisés par des parents in-
dignes ; ces orphelins errant par les rues,
affamés et en guenilles, exposés aux plus terribles dangers, et aux plus précoces dépravations ; ces mères de famille arrachées à
leur foyer et à leurs enfants pour la salle
commune de l'hôpital ; ces ouvrières vouées
à la faim pendant les mortes saisons, après
s'être exténuées aux époques de travail excessif et peu rétribué; ces travailleurs honnêtes, victimes du chômage et de la maladie,
incapables de satisfaire aux exigences du propriétaire et d'apaiser les cris de famine de
leurs petits. Partout, hélas ! des malades qui
manquent de remèdes, de soins, de consolation et de réconfort; des sourds, des aveugles,
des infirmes, des estropiés abandonnés à
leurs maux inguérissables, et désespérés de
la solitude qui les accable. Partout la misère,
la hideuse misère, avec ses privations atroces
et ses promiscuités écœurantes, avec ses

bouges sans espace, sans air, sans lumière, et sans soleil ! Partout d'indicibles souffrances physiques et morales, que personne ne soulage, que l'indifférence accroît et qu'exaspère la vue des luxes insolents et des bonheurs égoïstes ! Et, sans sortir de l'école, que de petits êtres grelottent sous des vêtements usés, troués, souillés, le panier vide et le ventre creux !

Que l'enfant apprenne à connaître d'autres émotions que les siennes ; qu'il souffre des maux d'autrui, comme s'il en était responsable ; qu'il sente pleurer en lui les misères des humbles, et il se soulagera lui-même en soulageant ses semblables. Dans cette saine atmosphère de générosité, il vivra d'une vie plus utile et plus belle ; et c'est dans l'âpre décor de son existence extérieure que s'épanouira la faculté du dévouement, et c'est au sein des masses populaires que la vertu du sacrifice répandra ses parfums les plus pénétrants.

Il y a des âmes exquises qui s'ignorent, qui méconnaissent leurs forces vives, leurs énergies cachées, et leur puissante spontanéité. Qu'il se penche sur ces êtres timides et endoloris, pour aviver la conscience de leurs ressources et de leur valeur, pour relever leur courage abattu, pour leur frayer la voie ; il pratiquera ainsi une charité incomparable, dont n'approcheront jamais ni les secours de l'Etat, ni les œuvres les plus perfectionnées de l'assistance publique. La charité officielle est incapable, en effet, de ces bonnes paroles qui consolent, de ces chaudes affections qui réconfortent, de ces larmes de compassion et de sympathie qui, en mouillant nos yeux, adoucissent et tarissent celles des malheureux, en même temps qu'elles nous lavent de nos souillures par la vertu du sacrifice.

A un point de vue plus utilitaire, la charité « est autre chose qu'un bon mouvement du cœur, c'est un acte d'équité et de bon sens. » Santé, fortune, intelligence, la nature a tout réparti d'une manière inégale, privant celui-ci, comblant celui-là. La charité, qui corrige en partie ces injustices, est donc bien un acte d'équité. Mais, en diminuant ainsi les privations des malheureux par le sacrifice volontaire d'une légère portion de son superflu, l'homme généreux arrête les explosions de colère qui naissent trop souvent du contraste brutal de l'extrême opulence et de l'extrême indigence, il prévient la guerre sociale, ses violences et ses spoliations ; il fait acte de bon sens. Et d'ailleurs le malheur, l'adversité, la maladie, peuvent du jour au lendemain, transformer les constitutions physiques et les situations sociales. Qui sait si ce superflu dont nous nous dépouillons spontanément aujourd'hui, ne nous sera pas rendu bientôt, par charité, comme le nécessaire et si, en travaillant ainsi au bonheur des autres, nous n'édifions pas notre propre bonheur pour l'avenir.

Pour faire pratiquer la charité à l'école, pratiquons-la nous-mêmes dans la mesure de nos moyens. Prêtons volontiers un objet scolaire, et surtout, soyons indulgents pour les fautes, prompts au pardon, complaisants à répéter nos explications, attentifs à éviter les épithètes blessantes, les violences de langage, les reproches publics et les humiliations inutiles. Récompensons la charité : c'est un devoir large que la loi n'impose pas. Que cette récompense soit parfois générale : une lecture intéressante, une joyeuse promenade avec le maître. Tous applaudiront à la bonne action dont ils profitent, et, par cela même, au dire de Vauvenargues, tous y participeront.

Mais soyons prudents dans les sacrifices que nous demandons à l'enfant. S'il est vrai que, pour le rendre charitable, il suffit souvent de lui indiquer les occasions de l'être, nous devons éviter avec soin de lui imposer la générosité, même à demi-mot ; c'est une vertu d'initiative qui doit se pratiquer librement, spontanément. Ce qui importe, en effet, pour la culture sociale, ce n'est pas la valeur de l'objet donné, ni le don lui-même, c'est la bonne volonté, l'intention de bien faire, le sacrifice accompli, la manière de donner et surtout l'habitude de l'obligeance qui se con-racte. Après l'effroyable catastrophe de La Martinique, quelques écoliers renoncèrent aux livres de prix pour grossir leur obole aux sinistrés. N'ont-ils pas cédé à un mouvement irréfléchi, ou plus simplement aux suggestions de leur maitre qui leur imposait ce renoncement par cela seul qu'il le proposait ou même qu'il l'indiquait? Ce sacrifice n'a-t-il pas été suivi d'amers regrets en fin d'année scolaire? Prenons garde, ces retours sur nos bonnes actions pour les regretter sont funestes; mieux vaudrait peut-être ne pas les avoir accomplies.

Disons bien à l'enfant: Apprends à donner, c'est un art très difficile. Ne donne ni par spéculation, ni par vanité, ni par faiblesse, ni même pour le plaisir de donner, donne pour faire le bien, avec intelligence, avec discernement, après réflexion, pour ne pas gaspiller tes secours et multiplier les paresseux, tu seras véritablement bon. Sois empressé à rendre service, garde le silence sur tes bienfaits, dérobe-les, tu en doubleras le prix. Accompagne ton offrande d'une parole de bonté, d'un geste sympathique, d'un regard encourageant, tu guériras les blessures du cœur en même temps que les misères physiques. Ne reproche jamais ton bienfait, il deviendrait une offense ; n'en exige, n'en espère pas le retour, tu ne serais plus un bienfaiteur qui donne, mais un créancier qui prête. Oublie-le ; ton obligé s'en souviendra, et la reconnaissance, le plus doux des biens, vous unira à jamais l'un à l'autre. Sois solidaire de l'indigent si tu es riche ; du souffreteux, si tu es robuste, du pauvre d'esprit si tu es intelligent, de ceux qui sont dans le besoin si tu es dans l'aisance. Célibataire, marié ou veuf sans enfants, verse ta cotisation aux œuvres d'orphelinat et aux sociétés de secours mutuels ; moins tu recevras pour ce que tu donnes, plus tu seras charitable. Sois indulgent à ceux qui tombent, jusqu'au jour où la société, mieux organisée, pourra empêcher de sombrer ceux qui luttent courageusement. Voilà la charité, non pas cette charité étroite qui se ramène à l'aumône, mais celle qui naît de l'amour, qui est l'amour même et qui nous apparaît comme une des meilleures solutions du problème social.

III

La morale relâchée des classes supérieures se traduit de nos jours par l'impatience de tout frein et le dénigrement systématique de toute supériorité. Elle s'étale insolemment par « la blague » qui ne respecte rien, ni les hommes, ni les institutions, ni les choses.

Après avoir gangrené la bourgeoisie, ce doute universel et gouailleur, ce persiflage impuissant et envieux sévit sur les classes laborieuses, où le relâchement des biens de famille lui a préparé un terrain, hélas! trop favorable. Il s'y est développé comme se développent les mauvaises plantes, avec une vigueur et une rapidité effrayantes.

Les polémiques violentes d'une presse acharnée au scandale, des bouleversements politiques qui aigrissent les regrets et surexcitent les convoitises, des compromissions regrettables qui jettent le soupçon sur les plus honorables ; la crainte ridicule de passer pour « un gobeur » et un peu notre caractère national qui se rit volontiers de tout, voilà des causes qui aggravent le mal et multiplient ses ravages. L'autorité elle-même l'envenime, par sa tolérance, par ses faiblesses passagères, par la douceur et l'intermittence de ses répressions.

Il faut restaurer ce respect qui s'en va, en même temps, hélas ! que bien des choses respectables ; il faut refouler ce scepticisme de commande, ce mépris inconsidéré de la nature humaine, nous souvenant toujours qu'on n'édifie rien de durable sans la foi qui soutient et le respect qui consolide. Or, ce sentiment a faibli même à l'école primaire. Pourquoi ? La grande industrie, qui retient la mère de famille à l'usine, a jeté une foule d'enfants sur la rue, les vouant, sans défense, à ses libertés, à ses grossièretés, à ses licences, en un mot à une précoce dépravation. La loi sur l'obligation a peuplé nos écoles de ces petits abandonnés ; et, trop souvent, ils ont contaminé de leurs conseils et de leurs exemples, ceux qui avaient reçu une première éducation familiale excellente. Absorbés par le pénible souci de leur existence matérielle, ou avilis par les passions et les vices qu'engendre la vie industrielle contemporaine, les parents de ces malheureux n'ont su ni seconder nos efforts moralisateurs, ni reconnaître notre bonne volonté. Par leur indifférence, par des récriminations injustes, des critiques violentes, des exhortations coupables, et parfois, par leur conduite tout entière, ils ont tué l'idée du respect chez leurs enfants, et ceux-ci en sont arrivés à ne plus sentir ce qu'ils nous doivent, ni ce qu'ils doivent à leur famille, ni surtout ce qu'ils se doivent à eux-mêmes.

Pour restaurer le respect à l'école, la première condition, c'est de respecter l'enfant. Recevez-le dans une classe propre et gaie, bien éclairée, largement aérée, où vous pré-

viendrez les habitudes funestes, où vous as-
souplirez ses organes par des jeux et des
exercices de gymnastique rationnelle : vous
le respecterez dans ses facultés physiques.
— Au lieu de l'accabler de votre supériorité,
recherchez sa collaboration, redressez ses
erreurs sans ironie qui provoque la timidité,
la haine et le dégoût, sans colère qui effraie
et paralyse ; ouvrez son esprit par des méthodes actives, évoquez la réflexion : vous le
respecterez dans son intelligence. — Ne l'hu-
miliez pas par des punitions dégradantes ;
ne le scandalisez jamais d'un mot frivole ou
d'une connaissance prématurée, n'excitez ni
la vanité par des éloges imprudents, ni la
haine par la partialité ; laissez-lui une large
initiative, inspirez-lui de bonne heure un sentiment très vif de sa responsabilité, et une
confiance inébranlable dans ses énergies
morales ; éclairez sa conscience, fortifiez sa
volonté, affranchissez sa raison ; en un mot
sous l'empire d'un obsédant souci de voir
déjà en lui un homme, traitez-le toujours
comme une personne humaine : vous le respecterez dans ses facultés morales.

Exigez ensuite qu'il se respecte lui-même :
1° Dans son langage, en s'abstenant de paroles bruyantes, de cris discordants, de rires immodérés, de propos grossiers, d'apostrophes déplacées, d'épithètes malsonnantes,

de sobriquets pour ses camarades et de plaisanteries sur les choses sérieuses. — 2° Dans ses manières, par la propreté irréprochable de son corps et de ses vêtements, par la décence, par la simplicité et le naturel de sa tenue, par la modération des mouvements, une politesse sincère et sans affectation, une discrétion de tous les instants. 3° Dans ses actes, en évitant d'incommoder les autres, de s'attribuer la meilleure place, d'écouter aux portes, de rester couvert devant ses supérieurs, de s'approcher des grandes personnes, d'intervenir dans leur conversation.

Exigeons encore qu'il nous respecte, nous et l'école. Je sais bien que le respect est avant tout un sentiment intime, pouvant se passer des formules conventionnelles de la politesse extérieure ; enseignons-les, néanmoins, par l'exemple, par la pratique, au besoin par des leçons spéciales, et obligeons l'enfant à les observer ; il paraîtra au dehors ce qu'il doit être au-dedans ; c'est déjà quelque chose ; qu'il nous salue en se découvrant ; qu'il se serve avec nous du mot « monsieur », mais sans exagération ni obséquiosité ; qu'il écoute nos observations sans murmure, sans bouderie, sans un geste d'impatience. Qu'il nous obéisse sans lenteur qui confine à la résistance, sans mouvements brusques qui révèlent la mauvaise humeur. Qu'il nous témoi-

gne sans cesse sa déférence par la correction
de sa tenue, par son attention à nous écouter, par son application au travail, par son
souci constant d'observer les règles de la
discipline scolaire. — Cela ne suffit pas ; il
faut qu'il respecte l'école. Dans la cour, pas
de cris exagérés, de bousculades violentes,
de papier qui traine, de murs maculés de
boue ou souillés d'inscriptions. Dans la classe,
pas de chaussures sales, de crachats sur le
parquet, de trous dans les murs ; mais un
mobilier intact, des gestes sobres, des rires
discrets, et un peu de ce recueillement des
croyants qui pénètrent dans leur temple.

Mais ne l'oublions pas : le respect nait
chez l'enfant de la conscience du rapport de
sa faiblesse avec notre force ; prouvons-lui
donc manifestement notre supériorité. Etre
essentiellement sensitif, il esttout d'abord séduit par les qualités extérieures de ses parents et de ses maitres ; lui si petit, si faible,
si maladroit, s'incline naturellement devant
ceux dont il comprend la force et l'adresse.
Plus tard son respect moral nait surtout de
l'affection, de l'admiration qu'il éprouve pour
ceux qui l'entourent. Il se montre poli, non
plus aux puissants et aux habiles, mais à
ceux qui, par leur bon cœur et leur honnêteté,
lui semblent personnifier le bien ; et par
suite, le plus sûr moyen de se faire respec-

ter de lui, c'est de le dépasser bien loin, par l'intelligence, la bonté et la moralité.

« Honorons les hommes supérieurs, dit Mignet, et proposons-les en exemple, car c'est en préparer de semblables, et jamais le monde n'en a eu un plus grand besoin ». Leur exemple, en effet, est éminemment propre à développer l'héroïsme, cette vertu latente, en germe dans toutes les âmes, qui se reconnaît au mouvement d'admiration, au frisson généreux produits en nous par ce qui est noble et grand, mais que tant d'instincts mauvais tendent à étouffer. Pour leur payer notre dette, pour affirmer notre solidarité avec eux, il ne suffit pas de « banqueter en leur honneur » et de leur élever des statues, il faut leur témoigner une reconnaissance attendrie et une piété affectueuse.

Loin de leur payer ce tribut qui nous honorerait, nous semblons prendre à tâche de les dénigrer. Poussés par la vanité et l'envie, par le désir outré de l'information, par le besoin d'un détail graveleux qui flatte le public, par la passion aveugle d'une égalité niveleuse, nous cherchons âprement, dans leur vie privée surtout, une faiblesse qui les rabaisse dans l'admiration universelle, et nous console de notre médiocrité. Nous triomphons bruyamment à chaque découverte ; nous l'étalons, avec complaisance, avec des exagérations parfois, dans une presse affamée de réclame et très accueillante à ces médisances ou à ces petites diffamations.

Que la fortune trahisse un grand homme, nous lui sommes impitoyables. Si « l'adoration n'a jamais manqué au succès ni l'admiration au soleil levant », nous méprisons celui qui tombe, nous applaudissons tout bas, avec une douleur hypocrite, à ses plus lamentables déchéances. Il semble vraiment que nous nous glorifiions de couvrir de boue les noms les plus éclatants du présent et de précipiter, du piédestal où les ont placés nos pères, tous ces hommes supérieurs du passé qui nous écrasent de leur grandeur.

Cette manie de dénigrement sévit jusqu'à l'école primaire. Ne voyons-nous pas certains instituteurs qui s'arrêtent avec un plaisir coupable, aux faiblesses des héros, surexcitant ainsi l'esprit de malignité de leurs élèves, alimentant dans leurs jeunes âmes un vil besoin de tout rabaisser au niveau de leur médiocrité. L'admiration devient une fatigue, la critique un plaisir, et le respect une contrainte qu'ils secouent à un âge où l'ignorance et la faiblesse devraient les porter à une facile déférence.

Une parole légère, un propos inconsidéré, suffisent à jeter un trouble profond et parfois une confusion inexprimable dans ces jeunes esprits que la nature elle-même ne semble guère porter au respect, si l'on en juge par l'extrême familiarité des bambins de l'école maternelle avec leurs maitresses. Gardons-nous de ce scepticisme à la mode, de ce soi-disant mal du siècle, que plusieurs instituteurs encore imberbes, étalent avec une fatuité naïve, et des airs désenchantés parfaitement ridicules. A ces Schopenhauer en herbe, nous dirons : Soyez sceptiques, si vous voulez, mais soyez-le intérieurement, ou quittez l'école. Multipliez vos peines à plaisir ; infligez-vous, par l'imagination, des souffrances que vous n'éprouverez peut-être jamais ; maudissez la route aux premiers arbres qui la bordent, la moisson au printemps, et la vie avant de la connaitre : libre à vous ! Vous serez les premières victimes de votre vanité et de votre impuissance à penser virilement ; mais respectez l'enfant.

Vous n'avez pas le droit de lui dire que la vie est une épreuve, une expiation qui lui réserve des misères sans partage et des peines sans consolation ; qu'il rencontrera à chaque pas, sans jamais rencontrer autre chose, des souffrances imméritées, des désespoirs inguérissables, des iniquités triomphantes et des lâchetés impunies. Vous n'en avez pas le droit, car vous brisez son énergie, vous desséchez son cœur, vous tuez en lui la foi dans un avenir meilleur ; vous faites sortir de son âme, comme d'un vase fêlé, l'espérance, qui adoucit tous les maux ; vous multipliez dans le monde, cette sorte d'affaissement moral qui est la maladie de notre génération. Vous faites plus : vous le poussez à l'irrespect, à la haine insensée de toute supériorité, à des mécontentements sans cause et sans issue, à un dégoût de l'existence, grotesque chez vous, mais absolument désastreux chez lui.

Dites-lui plutôt : « Dans ce drame si grandiose, si passionnant, qui s'appelle la vie, apprends bien le rôle qui t'est dévolu, et joue-le avec conviction, inflexiblement, en entier. Agis surtout, car l'apathie n'est qu'un vice odieux et le prodrome de la mort. Méprise le paresseux qui fuit sa tâche, l'habile qui surcharge son voisin de la sienne, et l'égoïste qui s'absorbe et se mure en lui-même. Résiste avec énergie aux misères que tu peux combattre, à celles qui naissent de l'oisiveté, de l'amour des plaisirs, du culte de l'argent, de la vanité et de la jalousie ; résigne-toi aux autres, soumets-toi à l'inévitable. Restreins tes désirs : la possession les irrite et le dégoût la suit de près. Détourne-toi de tes douleurs pour contempler celles d'autrui ; « rien ne soulage du mal qu'on souffre comme le bien qu'on fait ». Déteste l'injustice comme si elle t'atteignait directement et travaille sans cesse à diminuer dans le monde l'exploitation des faibles et l'iniquité des puissants. Prends pitié de ceux que l'infortune accable et que broie l'adversité. Respecte le pauvre sans haïr, sans mépriser le riche, pour cela seul qu'il est riche. Poursuis à travers tes désillusions, à travers l'anarchie de nos croyances et les incertitudes de notre temps, un idéal élevé de justice, d'égalité, et de fraternité. Réponds à la colère par une ferme douceur, à la haine par l'amour, au malheur par un meilleur emploi de tes jours.

Et alors la mauvaise fortune pourra t'assaillir, la misère t'étreindre, la mort faucher les tiens, l'injustice t'aigrir et le crime impuni t'exaspérer ; tu sentiras néanmoins que tu portes en toi-même ta destinée, que la somme du bien l'emporte sur celle du mal, que pas une de tes souffrances n'est insupportable, car, il te reste toujours, pour les adoucir, l'espérance, ta propre estime, et le témoignage de ta conscience.

Oui, l'école peut faire refleurir le respect. En voulez-vous la preuve ? Dans certaines communes vous n'entendez ni cris, ni gros mots, ni jurons. Les enfants s'écartent de votre passage et vous saluent avec une gentille gaucherie. Dans d'autres vous les voyez crier, se disputer et se battre, jeter des pierres, s'accrocher aux voitures, barbouiller de craie, de boue et d'inscriptions les murs et les portes ; tirer le cordon des sonnettes, interpeller les passants, imiter le cri des marchands et la démarche des infirmes ; siffler les vieillards et trouver dans la souffrance humaine, la matière des plus cruels sarcasmes et un odieux sujet d'amusement. Attribuez ces différences à l'esprit particulier des habitants, à la nature des communications, à la fréquentation plus ou moins régulière, je le veux bien ; mais il y a une autre cause plus générale, plus profonde, c'est l'école. Nous la connaissons bien, nous qui avons vu la tenue des écoliers changer, ici et là, en bien ou en mal, dans l'espace de quelques mois, et constaté que cette transformation dans leur conduite coïncidait presque toujours avec un changement d'instituteur. Et c'est une preuve irrécusable que l'école peut restaurer le respect, en déposant en chacun d'eux un petit levain de pitié pour la souffrance, de compassion pour le malheur, d'amour pour la faiblesse, levain qui, en se développant, élargit le cercle de la fraternité humaine.

IV

Les anciens représentaient la discorde sous la forme d'une déesse dont la chevelure hérissée, était nouée de bandelettes sanglantes. Je voudrais que l'intolérance apparût sous un aspect plus terrible encore, et qu'on la vit sans cesse semer la haine, susciter les persécutions, déchainer les guerres civiles, dresser des potences, allumer des bûchers et verser des flots de sang au nom d'un Dieu de paix.

Nos pères la connaissaient. Réunis à Versailles le 5 mai 1789 pour payer les dettes de la vieille monarchie, ils apportaient, de leurs provinces, une haine de l'intolérance, hélas ! trop justifiée, car ils avaient vécu de longs siècles, tremblants, épouvantés, à la merci d'un ennemi ou d'un espion, entre la prison, la potence et le bûcher. Aussi ils se hâtèrent de proclamer la liberté de conscience à la face du monde asservi aux dogmes. C'était frapper à mort cette farouche intolérance du passé, prêchée par le clergé, servie et souvent exploitée par la royauté ; c'était ouvrir à la tolérance, la porte de l'humanité.

Mais si la tolérance est inscrite dans la loi, elle n'a guère pénétré dans nos mœurs. De nos jours encore, on entend des paroles qui sont des blasphèmes, et de bons esprits défendent ouvertement le fanatisme. « Une société a le droit de résister à ses ennemis, dit Joseph de Maistre. Lacordaire excuse l'Inquisition en affirmant que ses violences étaient populaires. Louis Veuillot regrette que ses victimes n'aient pas été plus nombreuses ; et, il n'y a pas longtemps encore que, dans une ville populeuse du midi, un archevêque a eu l'audace d'ordonner des cérémonies publiques en l'honneur du massacre des Protestants commis en 1653, tant cette religion, pervertie par l'égoïsme et l'orgueil, a jeté dans les âmes de profondes racines d'intolérance.

Et nous-mêmes, si nous célébrons beaucoup la tolérance, nous la pratiquons très peu. Après avoir éte opprimés, nous aspirons à devenir des oppresseurs. La liberté nous enivre, et notre droit nous dérobe celui d'autrui. Nous nous attachons obstinément à nos croyances, moins par conviction parfois, que par faiblesse, par paresse d'esprit, par orgueil; et celui qui les trouble devient un ennemi qu'il faut mâter. Nous nous irritons des opinions qui ne sont pas les nôtres ; nous nous exaspérons de la contradiction ; aussi que d'inimitiés et de haines l'intolérance ne sème-t-elle pas encore autour de nous ! Tout républicain est un anarchiste pour ses adversaires, et ceux-ci ne sont pour lui que des égoïstes et des traîtres. Si notre voisin assiste aux offices religieux, c'est un hypocrite; si nous n'y assistons pas, il va répétant que nous vivons et mourrons « comme un chien ». Vous illuminez votre maison le 14 juillet :

vous flattez le pouvoir ; vous la décorez pour une solennité religieuse : vous briguez les bonnes grâces d'une clientèle cléricale. Ici le château et le presbytère font le vide autour de la boutique d'un boulanger pour l'obliger à affamer une institutrice laïque ; là, par représailles, le bureau de bienfaisance exige un certificat de civisme de l'indigent, et mesure sa miche de pain à ses opinions politiques. Dans les réunions publiques, on empêche les orateurs de parler par des cris, des vociférations et des injures ; dans la presse, on s'efforce de terroriser ses adversaires par la violence et la diffamation. Et, à l'aurore même de ce siècle, le fanatisme semble relever la tête. Des misérables ou des fous, acharnés à la destruction de la République, nous crient cyniquement« sus aux protestants, aux juifs, aux libres-penseurs et aux francs-maçons. » Ils n'hésiteraient pas, pour assouvir leurs vengeances et leur avidité, à nous replonger dans les plus terribles misères des guerres de religion.

Elle s'étale même à l'école primaire. Nous en connaissons tous des jeunes intolérants qui veulent constamment imposer leurs goûts, leurs préférences et leurs manières de voir ; qui tranchent brutalement dans les petites discussions et ridiculisent les idées des autres ; qui obligent certains condisciples à partager leurs jeux, écartent sans motif ceux qui leur déplaisent, s'adjugent toujours le premier rôle et refusent obstinément de participer aux distractions communes dont ils n'ont pas été les initiateurs.

Empêcher un camarade de travailler et le bousculer s'il résiste; rire de sa prononciation, de ses réponses malencontreuses, de ses échecs et des réprimandes qu'il reçoit; railler ses actes, ses manières, ses vêtements, ses difformités physiques ou son indigence intellectuelle, c'est encore de l'intolérance et celle-là n'est pas toujours le moindre défaut de nos écoliers.

Toutefois l'intolérance de l'enfant est très rarement confessionnelle ou politique. S'il lui arrive de tenir à l'écart un condisciple dont les croyances et les opinions diffèrent des siennes, c'est sous l'inspiration de la famille dont il est le reflet ou le porte-parole. Ce que nous devons lui demander, c'est la patience à supporter les défauts et les travers de ses camarades, l'indulgence pour les abus et les petites iniquités dont il peut souffrir, la force de supporter la contradiction, la générosité à sacrifier une partie de son droit, à faire abnégation parfois de ses goûts, de ses préférences et même de ses intérêts personnels. S'il se pénétrait de cette tolérance à l'école, la véritable tolérance lui coûterait peu.

dans la vie, même là où elle est le plus difficile, en politique, en religion, et, de nos jours,
dans les conflits des intérêts économiques.

Comment pouvons-nous l'inspirer ? Montrons bien les maux de l'intolérance. Elle
arma les peuples contre les peuples, elle les
arma contre eux-mêmes. Des milliers d'hommes périrent, victimes de guerres fratricides
et d'épouvantables massacres. Et quelle prodigieuse variété dans les supplices ! Quelle
fécondité d'invention pour torturer son semblable ! Que l'enfant voie par l'histoire, des
familles entières anéanties sur une dénonciation mensongère ; des époux se livrer aux
bourreaux ; des jeunes filles conduire des
assassins à la cachette de leur mère ; des soldats martyriser des enfants au maillot : « tout
a disparu, sentiments, affection, famille, patrie, amour ; ce fanatisme sans frein a partout rendu l'homme furieux, hypocrite ou
idiot. » Au XVIᵉ siècle, il a ruiné la France ;
au XVᵉ il a mis à l'agonie l'Espagne qui faillit
mourir de l'Inquisition.

Comparons l'homme tolérant et l'homme
intolérant. Le premier est généreux. S'il
poursuit son intérêt, s'il aspire aux dignités
et au pouvoir, c'est par des moyens honorables, sans flatter les partis extrêmes, sans
s'abriter derrière les plus belles doctrines et
les plus nobles causes. Placé entre les Catholi-

-ques et les Protestants, entre les persécuteurs et les persécutés, Michel de l'Hôpital prêche la tolérance, arrête l'Inquisition qui pénètre en France, proclame la liberté de conscience au sein des passions les plus sanguinaires et meurt désespéré par la St-Barthélemy. Le second est un égoïste qui travaille pour lui en combattant nos idées, qui satisfait ses ambitions en nous persécutant. Oui, du haut en bas, du plus grand au plus petit, d'un duc de Guise qui organise le massacre des Protestants pour se rapprocher du trône, jusqu'au dernier des paysans qui envoie son vacher aux offices, pour plaire au château et au presbytère, l'intolérant est un égoïste odieux, souvent féroce, toujours méprisable. Et s'il existe quelques fanatiques qui se croient réellement charitables en martyrisant leurs semblables, ce sont les plus terribles, les plus dangereux, car leurs intentions sont pures et leurs actes abominables. Mais ne croyons pas trop facilement à la sincérité de ces monstres : la vraie charité ne prend pas le masque de la tyrannie et les allures de la persécution ; elle sait que la raison humaine ne s'éclaira jamais à la flamme des bûchers.

2° Notre intelligence est faible, bornée, sujette à l'erreur ; et il est bien difficile parfois, de saisir la vérité au milieu des ténèbres qui l'obscurcissent et des préjugés qui la défigurent. L'homme tolérant le sait ; il est modeste. L'intolérant, lui, a le cœur et l'esprit pervertis par l'orgueil ; ses opinions sont les seules sensées ; ses croyances les seules respectables. Laboureur, il impose brutalement ses idées à son gardeur d'oies; fonctionnaire, il écrase ses subordonnés de son dédain ; prêtre, il se rue à l'assaut de la société laïque avec un fougueux emportement ; anarchiste, grandi parmi les âpres convoitises et les haines inassouvies, il ne discute pas, il dynamite.

3° Nos idées et nos croyances, c'est notre intelligence, notre mémoire et notre cœur ; c'est notre vie morale tout entière. L'intolérant qui les attaque est un sot ; il les affermit au lieu de les entamer. Nous les défendons avec énergie contre lui, et nous confondons très vite, dans la haine qu'il nous inspire, les doctrines dont il se fait l'imbécile apôtre. Est-ce à dire que l'homme tolérant reste indifférent entre les opinions les plus opposées, et qu'il garde « sa main fermée » lorsqu'il la croit « pleine de vérités ? » Non certes ! C'est un droit imprescriptible, et il en use, un devoir impérieux et il n'y manque pas, de propager ses idées lorsqu'il les croit nobles et élevées. Il ne fuit pas la discussion ; mais une discussion loyale, courtoise ; et il s'adresse toujours à la raison pour la convaincre, au cœur pour le persuader, sans jamais se départir du respect dû à toutes les opinions sincères.

La tolérance est une habitude qui se contracte par des efforts persévérants, par des actes répétés, par des petites victoires remportées sur nous-mêmes. Une fois acquise elle s'étend, elle rayonne au dehors. Que l'enfant la pratique d'abord dans sa famille, au milieu de ses plus pures affections et de ses plus chers devoirs, là où les concessions réciproques sont faciles et les sacrifices d'amour-propre peu coûteux, et le foyer domestique deviendra la meilleure école de la tolérance comme il est la meilleure école des autres vertus sociales.

Prêchons d'exemple; soyons nous-même un modèle de tolérance. Apportons une grande bienveillance dans notre critique des hommes et des choses. Ne condamnons pas brutalement les naïves opinions de l'enfant, fussent elles erronées ou même contraires au sens commun; ne ridiculisons pas ses jugements, même absurdes; qu'il sente toujours, en nous, une grande tolérance unie à une continuelle indulgence.

Combattons la paresse d'esprit. Elle se manifeste de deux manières: par l'asservissement aveugle aux opinions d'autrui; par l'habitude d'adopter, de parti-pris, le contre-pied de ces opinions. Sous ces formes diverses, c'est une des causes les plus communes de l'intolérance dans la vie sociale. Si nous voulons pratiquer l'indulgence, naturellement, sans effort, jugeons par nous-mêmes, en toute indépendance d'esprit, sans légèreté, sans imprudence, sans précipitation. Réfléchissons avant de parler et d'agir ; pesons le pour et le contre, et gardons-nous de juger les choses que nous ne pouvons connaitre et les personnes que nous sommes incapables d'apprécier : notre verre ne sera pas grand, peut-être, mais nous boirons dans notre verre ; c'est l'essentiel. N'hésitons pas à revenir, s'il y a lieu, sur nos jugements pour les modifier ; sur nos erreurs, pour les corriger : les imbéciles seuls croient ne se tromper jamais. Ne soyons ni étourdis ni ignorants, et n'acceptons jamais les opinions d'autrui qu'après leur avoir donné notre adhésion raisonnée, qu'après les avoir rendues nôtres par la réflexion personnelle.

Faisons appel à la raison de l'enfant et à ses bons sentiments. Mettons-le, par la pensée, à la place de celui qu'il opprime ; habituons-le à bien connaitre ses défauts, il supportera mieux ceux des autres. Disons-lui : la tolérance est la vertu des esprits larges, débarrassés des préjugés et des routines, aptes aux idées généreuses, aux belles aspirations, qui veulent le bien de tous. Seule, elle a permis aux esprits vigoureux, originaux, de quitter les sentiers battus ; de heurter de front les opinions consacrées ; de réaliser, malgré les orgueilleux, les envieux, les paresseux et les puissants, le progrès matériel et le progrès intellectuel. Seule, elle rend la société possible par les concessions mutuelles qu'elle permet.

Applaudissons à ceux qui expriment leurs opinions sans hauteur, qui souffrent la contradiction sans s'irriter, qui discutent avec courtoisie sans chercher à imposer leur manière de voir, qui savent avoir raison sans aigreur et tort sans dépit, qui ne s'obstinent pas dans des erreurs dissipées ; qui s'appliquent à supporter les défauts des autres et à sacrifier parfois à leurs petites exigences.

Réprimons, au contraire, ceux qui triomphent avec morgue ; qui témoignent d'un caractère irritable ; qui s'acharnent à convaincre leurs camarades ; qui refusent, par entêtement, une réconciliation facile ; qui, à défaut de raisons plausibles, recourent aux injures ; qui veulent s'imposer et se mettre sans cesse au-dessus des autres ; et nous déposerons peu à peu, dans leurs cœurs, le germe de cette vertu qui fera nos relations plus cordiales et notre fraternité plus complète.

Aux jeunes gens du cours d'adulte, nous

dirons en plus : « Défiez-vous de ces réunions politiques qui dégénèrent souvent en disputes publiques et en batailles générales. Si des apostrophes jaillissent, si des interruptions se croisent, si une bousculade se produit, résisterez-vous à la surexcitation ambiante. On a vu les plus calmes, les plus paisibles, soudain saisis d'une sorte de vertige, contri- buer aux vociférations et à la danse des chaises et des fauteuils, avec une véhémence dont ils se croyaient bien incapables. On sort rarement plus instruit de ces réunions ; on en sort presque toujours avec des ferments de haine dans le cœur, et des idées de violente intolérance dans l'esprit. Ce n'est pas là que vous apprendrez à écouter les idées qui vous déplaisent, ni à respecter la diffusion de la vérité sous toutes ses formes. Ce n'est pas là qu'on vous montrera les croyances communes des religions, les tendances identiques des opinions politiques et la solidarité des inté- rêts économiques, réduisant ainsi la part de l'intolérance qui, elle, s'attache surtout aux différences et aux oppositions.

Défiez-vous aussi de votre quotidien. La presse contemporaine, devenue trop souvent une affaire commerciale, d'où la sincérité est bannie, a vu se produire une véritable ému- lation dans l'injure et le dénigrement. Le pu- blic exige des polémiques personnelles et des attaques passionnées, un éloge exagéré de ses amis, et un « éreintement » régulier de ses adversaires, il est intolérant. Le journaliste le devient pour lui plaire, ou plutôt il feint de le devenir ; car nous sommes souvent la dupe de ses haines simulées et de ses colères, au fond très paisibles. Nous lisons le journal pour nous fâcher, pour applaudir à l'injure et trop souvent à la diffamation. Lisons-le sans parti-pris, d'un sens rassis, avec le désir sincère de démêler la vérité, au milieu des exagérations inévitables et des erreurs trop souvent volontaires. Contrôlons-le par un autre, si c'est possible ; croyons à peine la moitié du mal imputé à nos ennemis « leur compte sera encore bon » et comprenons enfin cette belle pensée de Voltaire : « Nous n'avons pas un cœur pour nous haïr, et des mains pour nous déchirer les uns les autres. »

V

Pour vivre réunis, les hommes doivent pouvoir compter les uns sur les autres ; la méfiance trouble toutes les relations, et le mensonge tuerait la société, à brève échéance, s'il était érigé en loi générale.

Mentir, c'est froisser l'amour-propre d'autrui, provoquer la défiance et la haine ; c'est commettre une grave immoralité, un vrai crime social ; aussi le mensonge a t-il été flétri énergiquement par tous les moralistes et en particulier par Montaigne. Locke, qui réprouve toute discipline servile, trouve ce vice si dégradant qu'il tolère, qu'il conseille les coups pour le châtier. La sincérité, au contraire, a toujours été considérée comme une vertu fondamentale de la vie sociale, comme le centre et le cœur même de la morale « C'est un homme vrai » disent parfois Bossuet et La Bruyère, » et c'était là, pour eux, le plus bel éloge qu'on puisse décerner.

Or, le mensonge nous envahit. Jamais la réclame n'exploita la crédulité publique avec tant de cynisme ; jamais les charlatans n'ont accompli tant de miracles, dont l'authenticité est souvent attestée par leurs propres victimes. Jamais les guérisseurs universels n'ont menti avec tant d'impudence et de profit ; et leur succès même nous fait songer à ce mot de Voltaire : « Ce qui me désole, n'est pas que l'intelligence humaine ait des limites, mais c'est que la bêtise humaine n'en ait pas. » Que de pionniers de la civilisation méconnus et de doctrines nouvelles faussées, dénaturées et présentées comme dangereuses ; que de renseignements inexacts, de calomnies courent le monde, semant partout la défiance et la haine, entre personnes faites pour se croire et s'aimer, et cela pour le plus grand profit des menteurs qui attisent les querelles et pêchent en eau trouble.

Et l'enfant ment si souvent, si aisément, que le penchant à la dissimulation semble exister en lui. aussi fort que l'amour du vrai. Pourquoi ment-il? Il arrive que l'imagination l'égare, que son langage imparfait le trahit, que l'étourderie et l'oubli lui font altérer la vérité, que l'enthousiasme le porte à la dépasser. Parfois, (Locke et Rousseau disent toujours), parfois il ment parce que ses parents l'ont induit en erreur, parce qu'ils lui ont donné l'exemple et l'habitude du mensonge. Mais il ne ment réellement que lorsqu'il nie la vérité, volontairement, à dessein, avec l'intention préméditée de tromper les autres. Les mobiles qui le poussent alors sont l'orgueil, la vanité et la vantardise, la jalousie et la méchanceté, la flatterie et la cupidité ; et, dans la vie scolaire surtout, le désir des récompenses et la crainte des châtiments.

Faisons-lui haïr le mensonge pour sa laideur et sa lâcheté, pour le mal qu'il cause et les larmes qu'il fait couler. Disons-lui : Ne te laisse abuser ni par des sophismes, ni par des considérations d'intérêt et de sentiment, Il n'y a pas une institution, pas un homme, dont le salut puisse jamais légitimer un mensonge ; pas une fin qui justifie la mauvaise

foi qui a permis de l'atteindre, pas un acte où
la restriction mentale, dénoncée par Pascal
avec tant de verve et d'ironie, ne soit profondément méprisable, et ne serve, le cas
échéant, d'excuse et de glorification aux plus
cyniques faussaires.

Montrons-lui les conséquences du mensonge : discrédit du menteur, méfiance générale dont il est l'objet, torts qu'il se cause,
haines qu'il soulève. Et ces conséquences
peuvent être incalculables : on a vu des guerres épouvantables qui ont pesé et qui pèsent
encore sur le monde, déchaînées par des ministres menteurs en qui les peuples ont eu
foi.

Opposons-leur les avantages de la sincérité : l'estime générale qui entoure l'homme
vrai, la foi en lui et les bienfaits de cette réputation. C'est la vérité qui rassure les esprits, tue les monstres, délivre, soulage et
rend meilleur ; elle est le bien suprême des
intelligences. Aussi quelles luttes généreuses, héroïques, pour la conquête de cette
grande libératrice ! Des historiens fouillent
les archives poussiéreuses pour la trouver,
au risque de sombrer dans les ténèbres de la
cécité, comme Augustin Thierry ; des savants
la font jaillir de leurs fourneaux et de leurs
creusets pour guérir les maux innombrables
de l'ignorance et de la superstition ; des ex-

plorateurs la poursuivent sur le sable brû-
lant des déserts, sur les glaces des mers po-
laires. Que l'enfant les imite dans sa modeste
sphère, qu'il contracte de bonne heure l'habitude de rechercher le vrai et de l'affirmer
dans toutes les circonstances.

Soyons la sincérité même dans nos relations avec lui. Parlons-lui toujours du mensonge comme d'un vice odieux, et pénétrons-
le bien de cette idée que : dire la vérité, sans
réserve, sans défaillance, toujours, malgré
tout, c'est la première condition pour qu'un
homme soit un homme. Ne l'excitons pas trop
à inventer des choses imaginaires et déve-
loppons en lui, sans excès toutefois, le sens
critique et l'esprit d'examen. Condamnons le
mensonge en bloc, sans distinguer, avec lui,
ce que les moralistes appellent des mensonges
aimables ou prudents ; il n'est que trop porté
à faire lui-même cette distinction pour s'excuser. Etonnons-nous de le voir mentir ; refusons
de le croire jusqu'au jour où il se relève par la
sincérité ; mais ajoutons foi à la parole de ses
camarades, il ne résistera pas à ce traitement
mérité ; et l'humiliation qu'il éprouve aidera
à le guérir de son vice. Ne le poussons pas
au mensonge par des paroles brutales et me-
naçantes, par une sévérité outrée. Sachons
pardonner à un aveu spontané, à une franchise méritoire, et cela d'une manière abso-

lue, sans revenir sur la faute si elle ne se reproduit pas. Faisons appel au sentiment de la dignité personnelle, il parle en lui plus tôt que nous ne le pensons.

Il ne suffit pas de dire la vérité, il faut savoir la dire, et c'est un talent assez rare. L'un nous froisse en nous révélant, sans nécessité, des choses pénibles ; l'autre nous blesse par sa brutale franchise, et nous répétons tout bas ce mot de Saint François de Sales : « La vérité qui n'est pas charitable, procède d'une charité qui n'est pas véritable ». Celui-ci nous donne des conseils avec un empressement suspect ; il nous instruit par vanité. Celui-là triomphe de nos fautes ; s'il nous en avertit, c'est pardes insinuations méchantes, par des traits qui percent et déchirent, par des comparaisons dédaigneuses et des offres de protection humiliantes. C'est Arsinoé fustigeant Celimène de ses venimeux conseils ; qu'on s'étonne après cela du ton de la réplique.

Le plus difficile, c'est peut-être de l'accepter. Reconnaître nos erreurs, avouer nos torts, voilà une pilule amère pour l'amour-propre. Sans nier l'évidence, nous soulevons des objections puériles, nous alléguons de misérables excuses ; et, très souvent, en secret, nous nous tournons contre l'imprudent qui nous dévoile la vérité. Qui la lui a demandée ? Se croit-il par hasard plus intelli-

gent ou plus vertueux que nous ? Pourquoi
vient-il, nous humilier sans nécessité, jouir
de notre confusion et nous rabaisser pour
s'élever au-dessus de nous ? Il va sans doute
dévoiler nos faiblesses, les exagérer, les multiplier ! Comme il nous déteste ! et conscien-
cieusement, nous nous mettons à le détester
tant est vrai ce mot de Pascal : « Dire la vérité est utile à celui à qui on la dit, mais dé-
savantageux à celui qui la dit, parce qu'il se
fait haïr. » Et nous nous en privons ainsi,
très souvent, faute de savoir l'accepter.

En développant ces vertus : justice, charité, respect, tolérance, sincérité, l'école devient une véritable famille dont l'influence
sociale peut être immense. En confondant
tous les écoliers dans une même tendresse,
elle rapproche, elle unit ceux que séparent
déjà dans la vie la fortune et la situation des
parents. Elle produit des amitiés infiniment
précieuses, amitiés si douces, si fortes,
qu'elles serrent le cœur d'une pénible angoisse au moment de la séparation, qu'elles
jaillissent en un « tu » affectueux, lorsque,
après des années, se rencontrent brusquement ceux que l'existence a dispersés sur
des routes différentes. Et plus tard, après
s'être serré les mains si longtemps, après
avoir applaudi à leurs succès réciproques,
après s'être appréciés à leur valeur sans au-

cune considération de fortune et d'origine, après s'être témoigné mutuellement, et pendant des années, respect, confiance et affection, plus tard, dis-je, ils aborderont la vie sociale avec un esprit large et débarrassé de tout préjugé, avec des âmes généreuses, ouvertes à toutes les tendances et à toutes les aspirations de notre démocratie.

CHAPITRE VII

LES DÉFAUTS ANTI-SOCIAUX

SOMMAIRE. — I. Caractère de ces défauts. — II.
Moyens généraux de les combattre. — III. Culture
de la sympathie. — IV. Education de la volonté.
— V. L'Orgueil. — VI. L'Envie. — VII. La Colère. .
— VIII. La Haine.

I

Certains défauts comme la haine, la colère,
l'envie, le mépris. la jalousie, supposent la
société et n'existeraient pas sans elle ; ce
sont les plus dangereux. Si leur manifestation
s'accompagne parfois d'incidents pénibles,
s'ils nous exposent à des représailles, ils
produisent, en retour, ces plaisirs de la méchanceté si vifs, si intenses, qu'ils refoulent
la crainte de la vengeance et les douceurs
pénétrantes de la sympathie. Quels sont les
moyens généraux de les combattre ?

II

a) Les moralistes nous disent : Détournez
votre esprit de vos défauts, vous les enraci-
nez en y pensant toujours. C'est exact. Nos

défauts ressemblent à certains monstres ; ils
nous épouvantent d'abord ; mais nous les
contemplons bien vite avec une parfaite sérénité, et parfois même avec un plaisir suspect. A les regarder sans cesse, leur laideur
s'atténue ; nous finissons par les choyer
comme des hôtes sympathiques et d'un commerce agréable. Céder à ses défauts, c'est
goûter un plaisir malsain, mais intense et immédiat ; et la pensée même de ce plaisir est
un plaisir déjà qui séduit l'imagination et emporte la raison : on a vu des vindicatifs éprou-
ver une joie plus vive à savourer la vengeance qu'à la satisfaire. Se complaire à ces
jouissances futures, c'est pêcher par la pensée. Se détourner de ses défauts au contraire, c'est les reléguer dans un lointain où
leur puissance s'affaiblit.

Epargnons donc à l'enfant l'occasion de
s'emporter, s'il est violent ; d'exhaler sa haine,
s'il est rancunier, de manifester l'envie, s'il
est envieux ; en un mot ne ramenons jamais
son attention sur ses défauts, sans une nécessité absolue, ni par un encouragement ni
même par un éloge inutile ; ce serait les fortifier par les tableaux séduisants qu'ils évo-
quent à l'imagination subjuguée.

b) Jetez-vous à l'extrémité opposée de votre défaut, disent les mêmes moralistes. Le
conseil est excellent si l'enfant s'y jette de

lui-même, sans exhortations, entrainé par une forte pensée qui jaillit spontanément de sa conscience, par un souvenir qui l'émeut, un exemple tout-puissant ou une résolution virile de sa jeune volonté.

Deux écoliers se frappèrent un jour dans la cour, devant moi, et l'instituteur les condamna à s'embrasser en pleine classe. Je les vis se frôler les joues, la bouche crispée, les poings fermés, sans un geste de protestation, sans une détente de leurs traits contractés ; et je fus effrayé de la haine intense qui bouillonnait dans leurs cœurs, qui s'étendait à leur maître, et aux condisciples dont ils surprenaient les sourires moqueurs. Ce châtiment, qui ne réparait rien, qui ne moralisait personne, aggravait un dissentiment passager, retardait une réconciliation imposée sans le consentement mutuel des cœurs ; et, chose plus grave encore, il jetait le ridicule sur l'une des plus belles vertus de la vie sociale, le pardon et l'oubli des offenses.

Les résultats sont parfois tout autres. Dans un cas analogue, j'ai vu deux enfants s'approcher, les yeux pleins de colère. Mais au moment de s'embrasser, la situation leur parut si plaisante, et leur mine si confuse, qu'ils partirent d'un irrésistible éclat de rire, auquel toute la classe répondit. Ils s'embrassèrent cordialement, sans arrière-pensée, et regagnèrent leur place au milieu des rires sympathiques et approbateurs : toute trace d'inimitié avait disparu.

Néanmoins un véritable éducateur doit condamner ces punitions sans appel. Nous en usons cependant, sous une forme adoucie, plaçant à dessein, l'un près de l'autre, des écoliers qui ne sympathisent pas ou qui se jalousent, les obligeant à partager les mêmes jeux, et à se rendre de mutuels services. L'intention est excellente ; mais les résultats sont désastreux : nous enracinons des défauts tout en poussant à l'hypocrisie et à la révolte.

c) Procédons plutôt par degrés, sans exiger des efforts trop violents de la volonté, ni une tenacité sans défaillance. Ce sont les petites victoires remportées sur nous-mêmes, qui entament nos défauts, qui diminuent le nombre et la gravité de nos chutes. Combattons nos mauvais penchants, sans trêve, sans leur laisser le temps de se reformer, et chaque victoire d'aujourd'hui sera un gage de victoire pour demain.

d) La lecture, qui nous fait converser avec les plus belles intelligences et sympathiser avec les âmes les plus généreuses, élève notre pensée vers des régions supérieures et notre cœur vers de nobles aspirations. Par la peinture rigoureuse de nos défauts, elle les fait détester ; par les grands modèles qu'elle nous offre, vivants ou morts, réels ou imaginaires, elle fait aimer le bien. Inspirer le goût des saines lectures, en faire l'aliment choisi de l'esprit et de l'âme, c'est donner à l'enfant une alliée d'une puissance incomparable, pour lutter contre ses mauvais penchants.

c/ L'examen de conscience, fait en toute sincérité, sans raffinements qui énervent, sans partis-pris aveugles, avec la ferme volonté de découvrir le mal et de le juger sans faiblesse, voilà peut-être le remède le plus efficace pour la guérison de nos défauts. Mais la conscience a besoin d'une éducation spéciale. Pour qu'elle voie clairement le bien et se fasse obéir sans hésitation ; pour qu'elle dissipe impitoyablement ces sophismes derrière lesquels nous abritons volontiers nos fautes, il faut l'exercer sans cesse. Habituons donc l'enfant à ces délicates analyses qui éclairent, à ces sévères examens de conscience qui réforment, et ne tolérons jamais qu'il s'excuse de ses fautes, ni qu'il nous paie de mauvaises raisons. L'inconséquence nous déroute ; et, pour l'éviter, nous nous efforçons de mettre notre volonté d'accord avec nos actes : s'ils sont mauvais, elle s'avilit à les justifier. Marion le dit très bien : « Si notre raison ne s'impose pas à nos actes, ce sont nos actes qui s'imposent à elle. Il faut, ou qu'elle les redresse, ou qu'ils la faussent. » Démasquons donc sévèrement l'écolier qui veut nous tromper ; forçons-le à démêler les mobiles de sa conduite, à percer le voile qui lui cache ce qui se passe au dedans de lui-même, à se voir tel qu'il est ; mais agissons avec tact, nous attachant à le réduire sans trop l'humilier, à triompher sans brusquerie, ni ostentation, ni dédain, et la voix de sa jeune conscience s'affermira et se fera mieux écouter.

Je sais bien qu'une analyse intérieure excessive, obsédante, comme celle des héroïnes de Paul Bourget, ruine le plaisir et multiplie la douleur ; qu'elle engendre la timidité, tarit les plus purs élans de la sensibilité et brise la volonté après l'avoir énervée. Mais rassurons-nous. Pas un de nos élèves ne deviendra, à l'école primaire, ce que de Goncourt appelle : « une sorte d'écorché moral et sensitif, blessé à la moindre impression, sans enveloppe, tout saignant ; » et nous pouvons sans crainte les inciter à pénétrer souvent et profondément dans les replis de leur conscience, pour l'éclairer par la réflexion et l'analyse, pour fortifier sa voix et affermir son autorité.

III

La sympathie, qui nous fait partager les joies et les douleurs d'autrui, en nous identifiant avec lui, peut produire les plus belles vertus sociales, comme la bonté et la charité.

Il est prouvé qu'elle s'accroît par ses manifestations elles-mêmes ; « qu'elle surabonde en s'épanchant ». Multiplier, dans nos classes, les occasions de s'entr'aider ; louer les mouvements de sociabilité, les légers bienfaits, les renoncements peu coûteux, les actes qui témoignent d'une générosité agissante, c'est habituer nos élèves à la bienveillance ; c'est fortifier en eux des sentiments affectueux qui gagnent de proche en proche les esprits les plus réfractaires et les cœurs les plus durs ; en un mot, c'est les préparer aux grandes obligations de la vie sociale, et les unir par d'indissolubles liens.

Aimons donc nos élèves, d'une tendresse ferme, égale, réfléchie, sans caprice, ni boutade, ni sensiblerie qui s'étale en vaines paroles et en protestations oiseuses : la vraie affection se manifeste par des actes. Songeons à la pauvreté de ces enfants, parfois de ces orphelins abandonnés, à l'indifférence qu'on leur témoigne, aux privations qu'ils endurent, à la destinée mystérieuse qui les attend, aux vices qui les guettent, aux épreuves qui courberont leurs têtes et dessècheront leurs cœurs, aux souffrances sans nombre que la vie leur réserve. Nous sentirons alors notre cœur s'attendrir ; et, par un mot, un geste, un sourire, un regard, nous les entourerons d'une affection profonde qui éveillera en eux de chaudes et rayonnantes tendresses.

Si les tempêtes qui nous assaillent, et les épreuves qui nous accablent, excusent un peu notre endurcissement pour les souffrances des hommes, nous n'avons pas le droit de rester insensibles à celle de l'enfant, de voir couler ses larmes sans une émotion intense, de contempler, impassibles, ces douleurs, légères sans doute, mais pourtant si poignantes, dans des âmes naïves aux prises déjà avec les amertumes de l'existence.

Il y a, parmi nos écoliers, des affinités spéciales, des goûts qui se rapprochent, des caractères qui semblent se chercher. Sans contrarier de parti-pris les amitiés particulières et les camaraderies restreintes, ne tolérons jamais les petites coteries, les groupes égoïstes et fermés, les sociétés impénétrables, invariablement composées des mêmes élèves : elles provoquent la vanité et le mépris chez les uns ; l'envie et la haine chez les autres, c'est-à-dire des isolements au lieu d'une fraternelle union. Des jeux d'ensemble, qui mettent en mouvement toutes les initiatives et toutes les bonnes volontés, qui rapprochent et unissent par le plaisir de l'activité, et la communauté des distractions, qui excluent l'égoïsme, les tendances dominatrices, les rivalités d'amour-propre, voilà qui généralise la sympathie et prépare l'enfant à aimer tous ses camarades, sans mépris pour les pauvres, sans haine, mais sans servilité pour les riches et les heureux du monde.

IV

« Plus le corps est faible, plus il commande ; plus il est fort, plus il obéit. » Sous cette forme paradoxale, Rousseau exprime une vérité incontestable : la première condition d'une volonté énergique, c'est de s'exercer dans un corps robuste et sain.

Préserver l'enfant du froid, de l'humidité et d'un air vicié ; fortifier ses nerfs et ses muscles par des exercices appropriés ; veiller à sa tenue pour laisser à ses organes leur position normale et le libre jeu de leurs fonctions, c'est fortifier sa volonté en même temps que son corps.

Le surmenage est funeste au vouloir. Il commence avec les études qui précèdent ou qui suivent les heures de classe ; il s'aggrave avec les devoirs trop longs donnés dans la famille ; il devient dangereux quand les parents, poussés par une vanité stupide et criminelle, ajoutent au travail scolaire quotidien, un travail supplémentaire ; mais il est surtout funeste pendant la préparation au certificat d'études. Oui, il existe encore des petits candidats fatigués à 8 heures du matin par une nuit fiévreuse et des études trop matinales. Incapables d'un exercice intelligent et fructueux, ils retiennent péniblement des mots et des lambeaux de phrases, mais ils mêlent tout, ils confondent tout, et font une incroyable mixture des différentes matières du programme. Et il faut, quand même, entasser, écraser, dans leur pauvre cervelle archi-pleine, des noms, des dates, des chiffres et des règles. Qu'elle s'échauffe ! peu importe. Qu'elle éclate ! bagatelle ! Il est nécessaire de réussir à l'examen et la fin justifie les moyens. Trois mois avant l'ouverture de la session, sous prétexte de révision générale, c'est une course échevelée, extravagante, fantastique à travers le programme, tout ébahi de se sentir parcouru à cette allure vertigineuse. Les questions se suivent, rapides et pressées. Personne ne répond et le maître, impatient, fiévreux, lance à la hâte quelques syllabes ; les élèves crient la dernière, et l'on va, l'on court, sans trêve, sans repos, et l'on arrive au jour redoutable de l'examen, haletant, essoufflé, sans respiration et sans voix.

Mais voyez-les s'en retourner le soir : ils vont lentement, les yeux rouges, les oreilles bourdonnantes, la tête lourde et penchée, l'air parfaitement béat. J'aimerais bien mieux les voir courir comme des poulains en liberté, bondir sur les tas de cailloux, franchir les fossés et les haies, déchirer leurs culottes et s'égratigner les mollets. Ils auraient le corps plus dispos, l'esprit plus libre, et une volonté plus énergique. Mais, je me plais à le reconnaître, cette instruction à haute pression, ce gavage intellectuel, diminue de jour en jour, et il disparaîtra dans un avenir prochain.

Ne tombons pas dans l'excès contraire. Poussés par un zèle intempestif, ou par l'impérieux besoin de triompher dans les examens, quelques instituteurs facilitent la tâche de leurs élèves jusqu'à la supprimer, favorisant ainsi une funeste paresse intellectuelle. La volonté s'engourdit alors, et, dans l'inaction, elle perd tout ressort et toute vigueur. Pour prévenir cet affaiblissement graduel, il faut substituer des efforts de réflexion à de simples efforts de mémoire, et les provoquer par des appels discrets à l'intérêt personnel, par l'attrait des récompenses, par l'émulation et le désir de la louange, par le besoin d'affection et d'estime, et surtout par l'espoir des joies du travail et des satisfactions de la conscience.

« La pierre de touche de la volonté, c'est sa durée. » Des efforts violents mais courts, des moments d'énergie intense mais éphémère, ne suffisent pas. Il est indispensable que la volonté soit maitresse d'elle-même, qu'elle se domine, qu'elle se tourne volontairement vers les objets et s'y tienne, résistant aux distractions extérieures, à l'impulsion des passions, aux caprices de l'imagination et aux suggestions de la paresse. Des efforts prolongés développent la puissance d'attention ; ils impliquent nécessairement l'exercice et la culture de la volonté. Chacun de ces efforts rend le suivant moins difficile, et la volonté se fortifie par un travail volontaire d'abord pénible, puis habituel et agréable.

V

L'orgueil, défaut très commun et absolument funeste, se produit sous toutes les formes et s'attache à toutes les professions. Ridicule s'il prend les dehors de la suffisance et de la fatuité ; criminel s'il veut effacer le mérite qui l'offusque, il produit toujours des blessures vives qui allument des haines impitoyables et une soif ardente de représailles. Il transforme ainsi la société en un champ de bataille où toutes les questions deviennent des motifs de combat, où, après avoir attaqué en face, l'orgueilleux se ravale très vite aux insinuations, au mensonge, à la calomnie, aux pires fourberies. Ce vice nous endurcit en effet, au point de nous rendre insensibles aux souffrances de ceux que nous plaçons au-dessous de nous ; ils semblent ne plus exister de la hauteur d'où nous les apercevons ; un homme cesse presque d'être un homme pour devenir une créature inférieure. C'est ainsi que Mme de Sévigné s'égaie des paysans bretons que le duc de Chaulnes a fait pendre aux arbres.

L'orgueil procède ou de la nullité ou du sentiment exagéré d'un mérite réel. Dans le premier cas, il faut rappeler l'enfant à la modestie en le plaçant brutalement en face de sa faiblesse et de son ignorance. Dans le second cas, il convient de le mettre aux prises avec un plus fort qui l'emportera ; de lui faire comprendre qu'il a épelé à peine quelques mots dans le grand livre du monde, et de le pénétrer de cette idée que la véritable valeur s'ignore au lieu de s'exagérer. Gardons-nous de lui préparer des succès permanents, répétés, mais peu coûteux par suite de l'infériorité de ses concurrents. Il se glorifie de la victoire, sans s'arrêter aux conditions de la lutte et à la faiblesse de ses adversaires.

Avons-nous des élèves orgueilleux de leur naissance ? Rappelons-leur, lorsque l'occasion se présente, sans faire de personnalité, que le noble s'est donné la peine de naître pour porter son nom, et que la noblesse ne compte plus aujourd'hui par ses titres et ses ancêtres, mais par elle-même, c'est-à-dire par sa valeur propre, par son utilité et ses bienfaits. Rappelons qu'elle tombe dans une décadence profonde, décadence attestée par des juges comme Baumarchais, d'Argenson, Montesquieu, Balzac, About, Dumas fils, etc..., et qu'elle s'aliène sans cesse la sympathie des masses, par son attitude frondeuse et intransigeante, par sa morgue insolente, par son irrespect universel, par le nombre, la gravité et le cynisme de ses scandales. Aussi, est-il plus facile maintenant à un modeste médecin de campagne, à un cultivateur intelligent, « de se faire nommer député » qu'au descendant le plus authentique des plus illustres croisés.

En avons-nous qui sont orgueilleux de leur opulence ? Qu'ont-ils fait pour la mériter ? Rien ; elle leur vient des autres. Se fait-elle

accepter par ses manifestations? Elle crée
eds obligations strictes : la modestie, le respect absolu des droits d'autrui, l'assistance
aux malheureux, la participation directe au
progrès sous toutes ses formes. Sera-t-elle
durable? Nul ne le sait; mais déjà on peut
affirmer que les fortunes s'émiettent, mena-
çant de plonger les plus riches dans la médiocrité. Et l'on pourrait ajouter, avec beaucoup de tact, d'une manière absolument
impersonnelle, que s'il est des fortunes légitimes, il en est qui scandalisent et semblent
crier imbécile, à l'honnête homme pauvre.
Toutes considérations capables de rabattre
l'orgueil et d'inspirer des sentiments de réelle
modestie.

VI

Passion violente et désordonnée, l'envie
voudrait étouffer les talents et les vertus à
leur naissace. Toute probité l'offusque; toute
réputation méritée la lèse ; tout succès d'autrui la blesse comme un échec personnel.
Elle rabaisse les âmes, rétrécit les esprits,
et, poussée à ses dernières limites, on l'a vue
dégrader le corps lui-même. C'est un poison
qui consume l'envieux dans l'ombre, le silence et la honte, qui lui ronge le cœur

comme le ver dévore un cadavre : l'envieux est son propre bourreau.

Il triomphe de nos chutes et de nos humiliations ; il hait d'instinct ceux qu'il trouve sans reproche. Sur cette pente, il en arrive vite à travestir en vices les plus belles vertus. La générosité devient de l'orgueil, le pardon du dédain, la reconnaissance un calcul. Des paroles, il passe aux actes, traverse les desseins d'autrui, nuit à ses entreprises et souvent même il ne recule ni devant les plus graves injures, ni devant les pires violences.

Les dangers sociaux de l'envie sont terribles ; on l'a vue désespérer les grands hommes et priver le pays du fruit de leur génie. C'est une cause permanente de désordre, un obstacle insurmontable à la formation des sociétés les plus utiles et les plus moralisatrices, un dissolvant actif de toute association, et le principal ennemi du progrès, sous toutes ses formes, au sein des masses populaires. Elle y provoque la désunion, l'indigence, des regrets amers et des ressentiments tenaces.

Comment peut-on la combattre à l'école ? Evitons d'abord de la provoquer. Pas de concours trop fréquents, de classements répétés qui donnent toujours la première place aux mêmes élèves ; que la lutte soit sensiblement égale ou supprimons-la. Pas d'émulation surexcitée, de rivalités particulières dangereuses, de comparaisons personnelles blessantes, de reproches publics qui humilient inutilement. Pas d'attentions spéciales ni de témoignages extérieurs d'une affection plus marquée pour quelques-uns ; c'est une iniquité qui provoque la haine de leurs camarades. Dans la cour, pas de causeries ou de promenades répétées avec un enfant, s'il ne s'agit là d'une récompense morale, bien connue de tous, accessible à tous. Au dehors, pas de relations exclusives avec quelques familles de condition plus aisée, elles provoquent des froissements chez les parents et l'envie des enfants s'avive au contact de la leur.

Il s'agit ensuite d'en inspirer l'horreur et le mépris. Que l'enfant sente bien sa bassesse et sa lâcheté. Passion timide, honteuse, inavouable, elle se cache au fond des cœurs où elle rougit d'elle-même. Acharnée à nuire elle s'attache à la naissance, à la fortune, aux talents, à la vertu ; elle agit par des moyens tortueux, ignorée souvent de ceux qu'elle frappe derrière, en les adulant en face. Médisances, insinuations mensongères, calomnies avérées, diffamation, tout lui est bon pour rabaisser ceux qui l'offusquent. C'est par excellence l'arme des lâches.

C'est aussi celle des faibles. L'envieux proclame la médiocrité de ses ressources, la débilité de sa volonté et sa paresse générale. Il atteste son impuissance absolue à égaler ceux qu'il veut rabaisser jusqu'à lui, ne pouvant s'élever jusqu'à eux.

Reconnaître le mérite partout où il se manifeste, même si le succès le trahit ; user de récompenses accessibles à tous par une large part faite à la bonne volonté, à l'effort, à la conduite et à la moralité ; stimuler l'énergie de tous, l'envie étant le vice des paresseux ; donner à chacun une confiance inébranlable dans le résultat de son travail ; applaudir aux plus petits efforts de celui qui lutte vaillamment pour accomplir son devoir, et lui faire entrevoir une réussite plus complète due à ces mêmes efforts ; relever avec bonté celui qu'un échec abat ; inspirer la modestie à celui qui réussit ; en appeler sans cesse à la dignité personnelle pour faire répudier ce vice déshonorant, voilà des moyens de transformer l'envie en une saine émulation, très compatible avec le développement des sentiments affectueux, avec une première fraternité de ces jeunes cœurs.

VII

La colère de l'enfant est soudaine et violente. Qui ne l'a vu. les sourcils froncés, la figure congestionnée, la voix rauque et étranglée, les yeux injectés de sang, les narines frémissantes, la tête, les membres, tout le corps dans une attitude agressive, insensible à la douleur, inaccessible à la crainte ou à la pitié, rebelle à toute influence, sans liberté, sans volonté, sans raison. C'est bien un accès de folie où la bête humaine triomphe, où l'enfant redevient une petite brute. Il est peu capable d'une colère froide, concentrée, mais terrible, parce qu'elle semble raisonnée et voulue. -

Certaines causes de la colère nous échappent. Nous ne pouvons corriger ni l'influence de l'hérédité, ni la sanguinité du tempérament, ni l'irritabilité nerveuse, ni les constitutions maladives. Notre influence est presque nulle sur les excès de nourriture et l'abus des boissons excitantes que certains élèves commettent déjà. Mais nous pouvons davantage sur les causes morales de la colère : la vanité et l'orgueil, la mollesse, et les rancunes nées de chagrins immérités et d'injustices criantes.

Ils sont bien coupables ces parents au

tempérament impulsif qui se laissent aller à
de violents emportements devant leurs enfants épouvantés ; ils les poussent à les imiter en les familiarisant avec la colère. Ils sont
bien coupables aussi, ceux qui s'en amusent
dans leur jeunesse, les taquinent à plaisir,
les embrassent malgré eux, les contredisent
à chaque mot pour rire de ces petites colères dont ils souffriront plus tard. Ils préparent ainsi, à leur insu, les frères qui se battent, les camarades qui s'injurient, les écoliers rebelles à l'autorité de leur maître, les
supérieurs aux allures tyranniques et les subordonnés violents et haineux.

Et nous-mêmes, dans quels emportements
ne nous jetons-nous pas pour une leçon peu
sue ou un devoir mal fait, pour un mot, un
bruit, un geste ? On entend encore, dans
quelques écoles, des éclats de voix, des cris,
des menaces, j'allais dire des vociférations ;
et certains maîtres recherchent surtout une
discipline de terreur. Ils veulent dompter
leurs élèves ; c'est le mot qu'ils emploient et
l'idéal qu'ils poursuivent, oubliant que les
accès de colère deviennent plus nombreux
s'ils se reproduisent sans obstacle, et qu'agir
dans ces moments de surexcitation, « c'est
mettre à la voile pendant la tempête. »

Etouffons ces explosions de la colère dans
le silence ; taisons-nous pendant qu'elle bouil-

lonne en nos cœurs, exerçons-nous à la patience, et tâchons de vaincre notre impétuosité naturelle ; c'est la première condition pour que nous puissions dénoncer, avec autorité, et avec chance d'être entendu, ce funeste défaut. N'exigeons pas qu'un enfant emporté devienne immédiatement patient et doux ; si nous obtenons qu'il diminue comme nombre et comme intensité ses mouvements d'irritation, qu'il s'abandonne moins aux gestes menaçants, aux paroles blessantes, aux propos injurieux, nous aurons beaucoup fait déjà. La colère diminue, lorsqu'elle cesse de se manifester par des actes extérieurs ; mais elle grandit pas ces actes mêmes, en raison de la force de l'habitude, des obstacles rencontrés, des représailles encourues, et de l'énervement de la volonté, de jour en jour plus incapable de résister.

Insistons sur les conséquences de la colère. Il nous sera facile de les montrer, car l'écolier a certainement vu un de ses petits camarades la figure écarlate, la respiration haletante, les yeux convulsés, le corps agité d'un tremblement nerveux, qui dégénère parfois en une véritable crise d'épilepsie. Il sait que le petit coléreux éloigne les sympathies, provoque les inimitiés, en arrive à l'injustice, à la violence, aux voies de fait et au crime. Fléau terrible pour l'humanité, elle a jeté les foules dans une folie contagieuse et provoqué des guerres insensées.

Répétons-lui, à chaque occasion : Evite les coléreux et recherche les paisibles ; ne discute pas avec les entêtés, ne plaisante pas avec les susceptibles, dédaigne les provocations des faibles et des maladifs ; sois indulgent aux irritabilités des petits déshérités que le malheur aigrit; mesure bien la portée de l'offense avant de prendre un parti, disqualifie, si tu le peux, les violents qui troublent le jeu et défends les plus doux contre leurs sévices ; apaise les querelles qui éclatent autour de toi au lieu d'exciter les querelleurs, tu diminueras la colère chez les autres et tu la diminueras en toi.

Ne l'oublions pas : si notre présence empêche parfois l'explosion de cette passion chez l'écolier, elle ne suffit pas à lui donner la volonté et l'habitude de se vaincre constamment; et le moyen le plus efficace de la réprimer, c'est de développer ses puissances de sympathie et d'affection, c'est de l'animer de cette bienveillance précieuse, plus attentive au mal qu'elle a fait, qu'à celui qu'elle a subi.

Et nous lui montrerons aussi que la colère est un signe de faiblesse, une impuissance à se maîtriser (les forts sont calmes et patients); qu'elle ruine la dignité personnelle, ravale au rang de la brute en supprimant les facultés mêmes qui nous distinguent de l'animal : la volonté et la liberté.

VIII

La haine peut provoquer des bouleversements, ruiner une organisation sociale, jeter un pays dans les révolutions sanglantes, mais elle ne produit rien. Et cependant que d'énergumènes la prêchent aujourd'hui contre le patronat, les syndicats dissidents, les ouvriers indépendants, présentant la propriété comme un vol, l'industriel comme un exploiteur, l'usine comme un bagne et l'ouvrier comme un misérable serf, opprimé et affamé. Il importe donc de refouler, chez l'enfant, les sentiments haineux. Comment ?

Rien n'éloigne comme un rapprochement forcé. Evitons le contact immédiat des enfants qui ne s'aiment pas ; associons-les parfois dans un éloge, jamais dans un blâme, gardons-nous de toute allusion à leur inimitié, feignons plutôt de l'ignorer tant qu'elle ne se manifeste pas par des actes positifs et répréhensibles. Mais réprimons énergiquement toutes ses manifestations extérieures. Par des menaces, par des châtiments sévères, obligeons la haine à se cacher ; le jour où elle se dissimulera après s'être étalée au grand jour, ce jour-là, elle sera à moitié vaincue. Nous fournirons alors des aliments aux sentiments sympathiques, et ceux-ci refouleront peu à peu les aversions les plus tenaces. Nous ferons détester la haine, ce sentiment mauvais en soi, dégradant, qui s'accroît dans la lutte et finit par dominer, par la peinture de sa bassesse et de ses funestes conséquences. Nous dirons que le plaisir de la vengeance se change bientôt en une horreur du mal qu'elle a fait commettre.

Que l'enfant vive à l'école dans une atmosphère de douceur, de bienveillance et d'affection réciproque ; qu'il s'applique, par nos soins à réprimer ses mouvements d'irritation, à étouffer ses inimitiés, à répudier la vengeance, à s'élever au-dessus des offenses et des injures, et la haine ne trouvera plus d'aliment dans son cœur.

Qu'il connaisse et admire les héros de la bonté, ces âmes magnanimes qui ont su vaincre les plus légitimes ressentiments, pardonner aux plus cruelles offenses, non par faiblesse mais par devoir, au prix d'une glorieuse victoire sur eux-mêmes.

De notre côté nous nous garderons de la provoquer par une attitude hautaine, par une discipline brutale et humiliante, par des railleries et des sarcasmes qui exaspèrent, par la partialité et l'injustice, par une émulation imprudente qui dégénère en une concurrence fiévreuse, par une critique immodérée des hommes ou des choses, par une extrême prudence toujours, même lorsque nous voudrons lui inspirer

« Ces haines vigoureuses
« Que doit donner le vice aux âmes vertueuses. »

Nous n'oublierons pas qu'il faut à tout prix combattre et étouffer la haine à notre époque où certains violents la soufflent « pour répandre l'amour et guérir la misère du peuple ».

CHAPITRE VIII

L'ENSEIGNEMENT MORAL

SOMMAIRE. — I. Ses débuts à l'école primaire. — II. Le choix des exemples. — III. Importance exagérée accordée aux devoirs de famille. — IV. Sacrifice regrettable de ce qu'on appelle les devoirs secondaires. — V. La morale théorique à l'Ecole.

I

La substitution, dans le programme des écoles primaires, de l'enseignement moral à la récitation littérale du catéchisme, provoqua des polémiques passionnées à la Chambre, dans la presse, partout. Elles se poursuivent aujourd'hui, plus courtoises chez les uns, aussi violentes chez les autres.

Les adversaires de l'enseignement moral le déclaraient vicié dans son principe, sectaire dans ses tendances, et désastreux dans ses résultats. Ne devait-il pas transformer l'école en officine d'irréligion, l'instituteur en professeur d'athéisme et l'enfant en un être dangereux, sans croyances, sans moralité ?

Ils se consolaient toutefois, ou plutôt ils affectaient de se consoler, en proclamant son impuissance radicale, son irrémédiable stérilité ; et, sur ce dernier point, l'expérience sembla d'abord leur donner raison.

Obligé brusquement d'enseigner la morale sans connaissances précises, sans préparation spéciale, sans manuel bien conçu, l'instituteur hésite, il tâtonne, effrayé de son insuffisance et de sa nouvelle responsabilité. En cherchant sa voie, il marche à un échec inévitable. Le catalogue insipide des devoirs, des grands mots stériles, des définitions abstraites, des formules vagues, des règles de conduite banales, des maximes d'une sagesse vulgaire, des exemples souvent mal choisis, voilà le fond de l'enseignement moral à ses débuts ; c'était le triomphe de la mémoire, mais c'était le néant pour le cœur et la volonté.

Bientôt les incertitudes se dissipent et les erreurs se corrigent. L'instituteur approfondit ses connaissances et perfectionne ses méthodes. Il distingue le but et s'en approche graduellement. L'instruction morale cesse d'être une fin, elle devient un moyen : le moyen de toucher le cœur de l'enfant, de faire éclore des sentiments généreux, de produire l'acte moral, de créer l'habitude du bien. Grâce à l'influence de son exemple, à la cha-

leur de ses convictions, à la persuasion de sa
parole, les résultats ne tardent pas à se des-
siner et à s'affermir. Regardons nos jeunes
écoliers, sans optimisme naïf, ni pessimisme
injuste. N'est-il pas vrai que la grossièreté
diminue dans leur langage et la brutalité dans
leurs actes ? qu'ils sont plus polis envers les
étrangers et plus respectueux pour les vieillards? qu'ils s'élèvent peu à peu de la jalousie haineuse à une saine émulation? qu'une
probité scrupuleuse passe dans les actes ?
Elle s'exerce dans les petites choses à l'école;
mais l'accomplissement régulier de ces devoirs peu importants n'est-il pas l'apprentissage même des grandes obligations de la vie
sociale? Oui, le sentiment de la dignité personnelle s'éclaire, s'avive et s'affermit; la
bienveillance augmente; les mouvements de
générosité ingénieuse et de charité délicate
se multiplient, et le livre d'or du dévouement se grossit tous les jours dans nos plus
humbles écoles. Oui, les résultats apparaissent en pleine lumière, aux yeux les
moins clairvoyants; ils s'imposent aux esprits les plus prévenus; et l'enseignement
moral peut revendiquer une part très large,
très légitime, de ces nobles conquêtes.

II

Est-ce à dire qu'il ait atteint à la perfection ? Non, certes ! Il s'y révèle encore, au point de vue social, certains défauts qu'il importe de corriger. Les meilleurs esprits protestent, et à juste titre, contre les tendances utilitaires qui altèrent parfois sa pureté ; et les exemples choisis répondent trop souvent à cette conception d'une morale égoïste et terre à terre. Ce sont des contes où la colique punit l'enfant de sa gourmandise ; des fables où il lit :

> Il faut, autant qu'on peut obliger tout le monde ;
> On a souvent besoin d'un plus petit que soi,
> . . . .
> Il ne faut jamais se moquer des misérables,
> Car qui peut s'assurer d'être toujours heureux.

N'est-ce pas lui faire croire qu'il pourrait impunément se bourrer de friandises s'il avait l'estomac plus complaisant ; vivre pour lui seul, s'il n'avait pas besoin de ses semblables, et se moquer des malheureux, s'il était certain de ne jamais leur ressembler ? Sans doute, nous nous efforçons d'élever, de purifier cette morale ; mais nos commentaires disparaissent très vite, emportés par le temps. Le récit e t la maxime restent seuls, et le souvenir qui persiste est socialement très regrettable.

L'exemple froisse parfois ce sentiment de justice instinctive sans lequel la vie sociale serait impossible. Lisez dans une classe, la fable de Florian : le Poulet et le Renard. Si votre auditoire prend ce petit drame au sérieux, il maudit le Renard, malgré son rôle de justicier, et il s'apitoie sur le Poulet, malgré sa désobéissance. S'il n'y voit qu'une leçon indirecte, des sourires incrédules se dessinent aussitôt sur ces fraiches lèvres roses, et chacun se dit tout bas : « Mangé pour une désobéissance ! Allons donc ! Est-ce possible ? Est-ce juste ? J'ai désobéi cent fois et personne ne m'a croqué, ni mes parents, ni mon maître. Une désobéissance ça vaut cinquante lignes pour un écolier, un petit coup de dent pour un poulet ; mais ça ne vaut pas davantage. » Et ce petit raisonneur n'a pas tout à fait tort ; car la disproportion est choquante entre la légèreté de l'offense et la gravité du châtiment. En voulant frapper fort, vous frappez à côté ; vous provoquez une révolte contre la sanction, au lieu d'inspirer un salutaire éloignement pour la faute.

L'exemple est parfois plus dangereux encore. Vous lisez à vos élèves le Corbeau et le Renard et la scène du garçon tailleur du Bourgeois Gentilhomme. Ils se rient de la sottise du Corbeau et de M. Jourdain, c'est bien ; mais ils admirent l'habileté du Renard et du Garçon tailleur, et c'est très regrettable. Ces deux scènes n'ont rien d'immoral ; au contraire, elles nous mettent plaisamment en garde contre la vanité et le désir immodéré des louanges. Mais l'enfant les interprète mal quand nous ne sommes plus là pour éclairer sa conscience et rectifier son jugement.

La dernière homélie de l'archevêque de Grenade est inférieure à ses autres ouvrages; Gil Blas l'avoue, il est jeté à la porte. Qu'est-ce qu'on pense de moi ? demande Harpagon. Maître Jacques le dit et se fait bâtonner. Lisez ces deux scènes ; vous ferez rire de l'archevêque et d'Harpagon, c'est à-dire de ceux qui s'irritent de la vérité après l'avoir sollicitée. Mais prenez garde, vous ferez rire aussi de Gil Blas et de Maître Jacques, qui s'attirent par leur franchise, le premier un brutal congé et le second des coups de bâton ; c'est à dire que vous jetterez le discrédit sur une vertu essentielle de la vie sociale : la sincérité.

Ne l'oublions pas; la morale doit ressortir de l'exemple, claire et rigoureuse. Si l'exemple ne se rapporte pas directement au sentiment à fortifier ou au défaut à combattre, si la morale qui s'en dégage est vulgaire et mêlée, l'impression dernière est suspecte et elle peut être désastreuse. Bannissons, sans regret, tout exemple qui n'offre pas ce caractère de vérité générale, cette sensation de la vie, cette illusion de la réalité que l'enfant aime à retrouver déjà dans ses livres et dans nos leçons. Que nous les empruntions à la vie scolaire, à la légende, à la littérature ou à l'histoire, rappelons-nous toujours, en les choisissant, cette forte parole de Renan : *« Pour obtenir des hommes le simple devoir, il faut leur montrer l'exemple de ceux qui les dépassent ; la morale se maintient par les héros.»*

III

Les devoirs de famille nous retiennent trop longtemps. Est-il nécessaire de démontrer longuement que nous devons à nos parents l'affection, l'obéissance, le respect et la reconnaissance ? L'amour filial a-t-il besoin d'une culture aussi méthodique, lui qui naît au cœur de l'enfant, bien avant l'âge scolaire, avec la vie elle-même pour ainsi dire.

Sortis des mêmes entrailles, nourris du même lait, bercés des mêmes soins et des mêmes caresses, instruits des mêmes leçons et des mêmes exemples, les frères et les sœurs ont une vie commune qui les rapproche et les unit, comme ils ont souvent des ressemblances frappantes dans la physionomie et dans l'esprit. Ne sont-ils pas égaux devant la loi, comme devant l'affection de leurs Parents depuis que la Révolution, en supprimant le droit d'ainesse, a ramené la paix et la dignité dans la famille. Ces similitudes et ces affinités nous dispensent d'insister beaucoup sur les devoirs réciproques des frères et sœurs.

Je sais bien que la famille est une excellente école de concessions volontaires, de sacrifices réciproques et, par cela même, une excellente école d'éducation sociale. Mais il importe de ne pas rompre l'harmonie de notre cours de morale au profit de ces devoirs de famille qui sont, en somme, les mieux connus et les plus doux à pratiquer.

IV

Nous nous attardons à nos obligations essentielles et nous effleurons à peine ce que l'on appelle à tort « les devoirs secondaires », S'agit-il des devoirs individuels ? Nous discutons avec force détails la légitimité du suicide. A quoi bon ? Le suicide est un crime ; l'enfant le sait d'instinct, et nos exhortations ne l'empêchent pas d'attenter à ses jours s'il doit céder plus tard à un de ces moments d'affolement qui emportent la raison. En revanche, nous disons deux mots à peine de la dignité personnelle, malgré les vices qu'elle condamne et les vertus qu'elle exige.

S'agit-il des devoirs civiques? Nous démontrons longuement la nécessité de l'impôt et du service militaire, comme s'il n'existait pas de percepteurs ou de gendarmes. Mais nous ne dénonçons pas avec force l'ignorance et la vénalité des électeurs ; nous ne protestons pas contre notre facilité à tourner la loi ; et surtout nous ne flétrissons pas énergiquement ceux qui violent souvent sans scrupules tous leurs devoirs professionnels.

Cette disproportion s'aggrave pour les devoirs sociaux. Les obligations essentielles de la vie sociale s'imposent à la conscience avec une évidence indiscutable et une force irrésistible. Il nous arrive de les méconnaître ; de les ignorer, jamais ; et lorsque nous les violons, nous commettons des crimes prévus par la loi, punis par elle ; des crimes dont nous avons pleine conscience et entière responsabilité. C'est à ces devoirs primordiaux que nous nous attachons presque exclusivement.

L'assassinat est un crime monstrueux ; l'enfant le sait, il le sent et tout le lui crie. Mais nos commentaires les plus précis ne l'empêcheront pas de devenir homicide s'il doit céder un jour à une aveugle fureur ou à.

une effroyable perversité naturelle. Tout ce que nous pouvons faire, c'est de le mettre en garde contre la vanité, l'égoïsme, l'orgueil, la jalousie, la haine, qui peuvent le conduire au crime ; c'est surtout de dénoncer à son indignation, le travail prématuré des enfants ; les fatigues excessives et inutiles des femmes dans les bureaux, les ateliers et les magasins ; la prolongation illégale des heures de labeur, les mauvaises conditions hygiéniques des usines ; en un mot, toutes ces manières, hélas si communes, de diminuer l'intensité de vie des travailleurs salariés.

Que dire du duel ? Il succombe sous le ridicule : les égratignures à la main et les balles échangées sans résultat le tuent lentement, mais sûrement. Et de l'homicide en temps de guerre ? Les meurtres retombent sur la nation agressive, et, dans cette nation, sur ceux qui commandent. Le premier devoir du soldat, c'est l'obéissance et ce devoir le décharge de toute responsabilité. Quelques mots devraient suffire pour fixer les conditions nécessaires et les limites précises du cas de légitime défense, pour flétrir l'assassinat politique. Et voilà les devoirs clairs, précis, impérieux, que nul n'ignore, et qui cependant absorbent le meilleur de notre temps et de nos leçons.

L'esclavage et le servage sont monstrueux,

certes ; mais la Révolution les ayant abolis à jamais, ils appartiennent au passé, et nous devons surtout nous préoccuper du présent et de l'avenir. Dénonçons donc avec force tous ces abus criants qui se produisent à chaque instant dans les relations du capital et du travail : patron qui spécule sur la misère de l'ouvrier, pour lui imposer un salaire dérisoire, ou même un salaire de famine ; ouvrier qui profite des embarras de son patron pour exiger une brusque augmentation de paye ; gréviste qui, par la menace et la violence, empêche un camarade de travailler ; capitaine de navire, avocat, avoué ou notaire, cultivateurs, qui exploitent et laissent maltraiter les mousses, les saute-ruisseaux et les domestiques enfants ; en un mot, toutes ces atteintes à la liberté individuelle qu'il faut flétrir énergiquement à l'école, pour que l'enfant ne les commette ni ne les tolère dans la vie.

Si les apologistes du vol sont rares, les adversaires de la propriété individuelle sont nombreux et ils augmentent tous les jours. L'essentiel, ce n'est donc pas de condamner le vol par escalade ou à main armée (la loi le réprime avec sévérité), c'est d'établir fortement le droit de propriété, avec le travail et l'épargne pour bases, avec les droits de donation et de transmission pour corollaires ;

c'est de rattacher la démocratie à la propriété, en lui donnant la claire conscience qu'elle devient tous les jours plus accessible aux classes laborieuses ; c'est surtout de flétrir avec énergie certains vols qui n'inspirent pas une grande réprobation, pour lesquels la foule manifeste trop souvent une tolérance déplorable, et une élasticité de conscience scandaleuse. Fraudeurs, braconniers, contrebandiers sont des voleurs, et le peuple se fait volontiers leur complice. Le négociant qui trompe sur la qualité ou la quantité de sa marchandise est un voleur : on le fuit sans trop le mépriser. Vendre du lait baptisé, de l'huile mélangée, des vieux légumes rafraîchis, de la margarine pour du beurre, du cheval pour du bœuf et de l'extrait de bois de campêche pour du vin : autant de vols pour lesquels les voleurs ne se croient nullement déshonorés. L'ouvrier qui allonge ses heures de travail et le patron qui rogne sur la besogne accomplie, se volent réciproquement : on les excuse sans peine, parce qu'on les suppose en état d'hostilité permanente. Que de personnes encore qui gardent sans scrupule des objets trouvés ! Ce sont ces indélicatesses, ou plutôt ce sont ces vols manifestes qu'il faut stigmatiser, car ils engendrent les passions anti-sociales les plus dangereuses.

Manquer à la parole donnée, c'est une inconséquence, une lâcheté, un mensonge prémédité, et, très souvent une fourberie consciente. N'insistons pas sur les contrats écrits : la loi les fait respecter. Attachons-nous plutôt à ceux qu'on peut violer impunément et qu'on viole si souvent avec tant de légèreté et si peu de remords. Assistez, dans certaines campagnes, à une séance de justice de paix, vous serez écœurés des affirmations contradictoires qui se produisent, des faux serments qui se prêtent, de l'inconscience cynique qui s'étale au grand jour. Parties et témoins semblent applaudir au mensonge, à l'hypocrisie et à la fausseté. Voilà une éducation à faire, éducation difficile, car la foule indifférente, encore pétrie de préjugés, se tourne souvent contre nous ; mais éducation nécessaire, car rien n'engendre les haines comme ces trahisons préméditées entre gens qui se voient tous les jours ; haines d'autant plus tenaces qu'elles ont pour causes l'insolence du mensonge, l'intérêt personnel méconnu et l'amour-propre humilié.

Nous consacrons une demi-heure à peine à la médisance et à la calomnie qui s'insinuent partout, qui frappent dans l'ombre et le silence, qui flattent et surexcitent les plus funestes passions. Aussi, nous n'inspirons pas, à l'école, une aversion assez profonde, assez raisonnée pour ces deux vices dégradants,

les plus grands ennemis, peut-être, de la paix
et de la concorde parmi les hommes.

En résumé, distinguons plus nettement les
devoirs que la loi nous impose, de ceux que
nous pouvons violer sans tomber sous ses
coups ; et attachons-nous surtout aux obligations dont l'accomplissement est laissé à
notre bonne volonté. Ne l'oublions pas :
quelques graves manquements à la loi morale, quelques grands crimes impitoyablement réprimés, ne troublent pas la paix sociale ; mais la multiplicité des petites offenses
et des légers dommages transforme la société
en un vaste champ de bataille où les hommes
n'aspirent qu'à s'entredéchirer.

V

On a dit, on a répété, et on a fini par croire
qu'il ne fallait pas aborder la morale théorique à l'école primaire, l'étude des principes y dégénérant, de toute nécessité, en un
dogme stérile, plus capable d'énerver les
consciences que de les éclairer. Aussi nous
avons vu l'instituteur s'adresser surtout au
sentiment comme s'il était un guide infailli-
ble, et en appeler sans cesse au bon sens
pratique, comme si nous ne devions pas le
dépasser dans la vie morale. Pouvons-nous
nous élever au-dessus de ces faits d'une mo-

rale terre à terre, substituer des idées nettes et des principes bien arrêtés aux vagues aspirations de l'âme et parler résolument le langage du devoir ? Pouvons-nous suivre une marche logique, rationnelle et presque scientifique, démontrer que le devoir est un ordre rigoureux de la conscience, éclairer l'écolier sur les obligations d'une manière plus lumineuse en agrandissant ainsi le champ de sa moralité ? Je le crois.

Nous doutons trop de l'enfant. Son intelligence offre des ressources, et sa volonté des énergies, que nous semblons méconnaître. Oui, les principes généraux cessent d'être rebutants plus tôt que nous le pensons, et la morale théorique peut être, et elle est souvent, à l'école primaire, autre chose qu'un formulaire aride, sans grâce, sans force et sans vie.

Ne comptons pas trop sur la sympathie. Le cœur peut s'égarer ou se dessécher, le meilleur sentiment s'affaiblir ou s'éteindre. Que resterait-il à l'enfant, s'il ne possédait quelques pensées sommeillant dans les profondeurs de la conscience, d'où elles jaillissent dans les circonstances difficiles, pour fortifier les plus généreuses inspirations ? N'est-ce pas l'instruction morale qui grave dans son esprit ces maximes courtes, fondamentales, capables de rendre sur le champ.

la sérénité à son âme troublée ? N'est-ce pas elle qui fait descendre, dans son organisation mentale, ces idées qui mènent le monde, a-t-on dit, mais à la condition qu'elles soient indestructibles, qu'elles passent à l'état d'habitudes et de véritables instincts, après s'être vivifiées au foyer de la sensibilité ? Qui de nous ne s'est senti arrêté, sur la pente du mal, par une règle de conduite claire, précise, impérieuse, s'élevant brusquement de nous-mêmes pour nous rappeler le devoir que nous allions violer ? Adressons-nous donc à la raison de l'enfant, et enseignons la morale autant que nous la suggérons ; nous l'habituerons ainsi à réfléchir, à éclairer sa voie, à faire le bien sciemment, à comprendre, à sentir, à admirer la souveraine majesté du devoir.

A sa sortie de l'école, il traverse une crise redoutable. Il est bien difficile, tout hérissé d'écueils, et fécond en naufrages, ce passage de l'enfance à la jeunesse, de la soumission à l'indépendance, de la vie d'étude à la vie d'action, d'une paisible insouciance à cet avenir si gros de mystères et de responsabilités. Les passions s'éveillent, les tentations se multiplient, les sophismes abondent, des maximes déplorables faussent les esprits et corrompent les cœurs. C'est le moment critique, celui où l'intervention bienfaisante de la société devrait se faire sentir et c'est le moment où l'adolescent se trouve livré à lui-même. Personne ne le protège : l'instituteur est loin, le patron indifférent, la famille impuissante. Tout contribue à le perdre : la jeune liberté dont il s'enivre, les compagnons dont il s'entoure, les spectacles corrupteurs de la rue, la morale relâchée, en faveur autour de lui, la violence des journaux, l'obscurité de certains livres et les inégalités sociales qui l'exaspèrent. Résistera-t-il malgré son amour pour le bien, malgré ses habitudes morales contractées à l'école, si des principes gravés dans sa conscience n'exercent une impulsion décisive sur sa conduite ; si la grande loi du devoir ne vient adoucir ses rancunes, apaiser ses colères, tempérer l'envie et rasséréner son âme troublée. Soyons persuadés que si l'on trouve encore tant de bons instincts, tant de sentiments généreux chez ces jeunes gens exposés sans défense à toutes les séductions du vice et aux mauvais conseils de la misère, c'est à eux qu'ils le doivent.

Il faut donc qu'ils emportent de l'école ces principes fermes et élevés, qui commandent impérieusement, sans interprétation capricieuse, sans discussion, sans transaction. La nécessité s'en fait doublement sentir dans notre société démocratique. Chaque écolier n'est-il pas un futur électeur qui exercera sa part de pouvoir et d influence? Ne voyons-nous pas se préparer une transformation sociale, inévitable et imminente? Elle ne s'opèrera pas sans agitation, sans trouble, et, parmi le déchainement des passions les plus violentes, et des intérêts les plus contradictoires, il sera peut être plus difficile de discerner son devoir que de le faire. Quand un esprit supérieur comme Guizot n'est pas certain de l'avoir toujours connu et l'avoue, pouvons-nous nous flatter que nos jeunes gens ne s'y tromperont jamais?

Qui sait d'ailleurs si ces principes ne sont pas déjà attaqués au grand jour et sapés par la base; « si nous n'arriverons jamais à cet état de perturbation morale où les idées les plus naturelles, les plus évidentes, les plus universellement reconnues seront mises en doute et audacieusement niées ». Le droit de propriété n'est-il pas battu en brèche, au nom de la justice et de l'humanité, avec une subtilité d'argumentation, avec une force de logique apparente bien faites pour troubler l'esprit des malheureux dont on excite sciemment les passions et les convoitises? Quels ravages les théories d'un Robert Oven et d'un Jules Gay ne produiraient-elles pas dans le peuple, si un tribun sans scrupule ou un honnête homme égaré les mettait à sa portée. Ce serait le bouleversement de la société au nom d'une irresponsabilité qui supprime tout frein et tout châtiment, irresponsabilité dont la cour d'assises abuse déjà, et parfois si étrangement pour les grands « crimes passionnels ».

Dans son petit livre de morale et d'instruction civique, M. Liard s'efforce de mettre à la portée des enfants de 11 à 13 ans « les principes les plus élevés de la morale. » A t-il réussi ? Ecoutons-le : « Nous pouvons dire que les chapitres les plus difficiles du livre, ceux qui paraitront au premier abord les plus abstraits, ont été mis en expérience dans un assez grand nombre d'écoles, nulle part ils n'ont paru hors de la portée du cours supérieur. » Or ces chapitres comprennent la nature et la preuve de la liberté ; la différence des lois de la nature et de la loi morale ; la démonstration de la valeur infinie de la personne humaine ; les éléments de la vertu ; la théorie, les conditions et les limites de la responsabilité. Ils comprennent autre chose encore : les fondements du droit de propriété ; l'impossibilité du partage des biens ; l'erreur grossière du communisme, en un mot les questions les plus complexes et les plus délicates de la morale sociale. Et elles sont nettement posées, hardiment résolues, avec une « théorie si simplifiée qu'elle semble se confondre avec le bon sens même mais en même temps avec une forme lumineuse, une rigueur de démonstration qui se dissimule derrière la facilité du style et le charme du récit.

Marchons résolument dans cette voie où les auteurs de nos manuels de morale paraissent s'engager. Le plus grand défaut de l'enseignement moral à l'école, c'est d'être trop morcelé encore, trop fragmenté, trop épars. Il ne forme pas un tout complet et harmonieux, il manque d'une forte unité, de grandes idées générales, qui éclairent et coordonnent les questions particulières, parfois même de l'ombre d'une doctrine. Débarrassons-le de ces nomenclatures de devoirs qui se suivent sans s'appeler, de toutes ces obligations isolées qu'on s'efforce de faire accepter par le cœur au lieu de les imposer à la raison par des principes rigoureux et infaillibles.

Ces progrès réalisés, le champ de la moralité, assaini par la diminution des marais croupissants de l'égoïsme, fécondé de nos efforts, resplendira d'une moisson de vertus plus riche, et la douce apparition de la fraternité humaine fera s'évanouir à jamais le spectre hideux de la guerre sociale.

CHAPITRE IX

L'HISTOIRE DU PEUPLE A L'ÉCOLE PRIMAIRE

SOMMAIRE. — I. Insuffisance de cette étude. — II. Les origines jusqu'au moyen-âge. — III. Le moyen-âge: misère matérielle et éveil intellectuel. — IV. Progrès de la royauté; décadence de la noblesse, du clergé, des communes. — V. Le peuple sous la monarchie absolue; situation matérielle et progrès des esprits.

I

Des noms et des dates, des naissances, des mariages et des décès, une nomenclature sans fin de batailles et de traités, un fouillis inextricable d'intrigues, voilà l'histoire d'hier dans nos écoles. Parfois un mot, une phrase, un fait isolé, un cri de passion ou un souffle de haine, rappelle que le peuple existe et souffre, qu'il lutte et grandit, et c'est tout. L'acteur principal parait rarement sur la scène; il faut le chercher dans la coulisse sans l'y trouver toujours.

Si nous nous attachons aujourd'hui à expliquer ces courtes apparitions du peuple, à les relier par une trame simple, mais solide et continue, pour permettre à l'élève de suivre la lente évolution de ses pères, nous marchons encore dans cette voie avec une déplorable lenteur. Mille broussailles nous arrêtent à chaque pas, et nous hésitons à trancher dans le vif, à élaguer hardiment les faits stériles et les légendes ineptes, et l'histoire, ainsi comprise, ne donne ni la connaissance du passé, ni le sentiment des réalités présentes.

II

Nous débutons par la description de la Gaule. Dans ses huttes de terre, sans fenêtres, couvertes de branchage et de boue, la fraîche imagination de l'enfant se représente volontiers nos hardis et querelleurs ancêtres, vêtus de braies et de saies, la taille haute, la chevelure longue et la moustache énorme. C'est le côté pittoresque, mais c'est le côté secondaire. Comment vivaient-ils ? Ils ont dépassé la vie des peuples chasseurs et pêcheurs, vie d'abondance aujourd'hui, et de famine demain. Dans des coins de forêt incendiée mûrissent l'avoine et le seigle, le lin et le chanvre. L'agriculture est née, et, avec elle, le travail des métaux et le commerce étranger. Déjà, et c'est là l'essentiel, les Gaulois se divisent en quatre classes : 1° *Les es-*

claves (prisonniers de guerre, criminels et créanciers insolvables) ; 2° *Le peuple*, composé de quelques rares hommes libres et de colons ou métayers qui travaillent la terre pour les riches ; 3° *Les chefs de famille*, possesseurs de vastes domaines ; 4° *Un clergé puissant*, qui monopolise l'instruction. Nous retrouvons ainsi, à l'origine même de notre histoire, ces éléments sociaux qui vont se heurter pendant dix-huit cents ans avant de se fondre en une nation unique. Nous allons les suivre à grands pas, à travers les siècles, en délaissant tous les roitelets sanglants qui nous ont retenus si longtemps.

Vercingétorix succombe. La paix remplace la guerre et une civilisation brillante succède à une demi-barbarie... pendant 200 ans. Nous le disons et c'est justice. Mais la domination romaine pesa quatre siècles sur la Gaule, et, pendant les deux derniers, elle dégénéra en une effroyable tyrannie. Pourquoi ne pas le dire ? Pourquoi ne pas montrer les chefs de famille qui s'allient aux vainqueurs, les druides proscrits, les esclaves qui augmentent, les colons ramenés, les fers aux pieds, sur la terre stérile qu'ils ont fuie ; l'homme libre marqué d'un fer rouge qui l'enchaîne à la manufacture nationale ; les Gaulois robustes arrachés de leur pays et jetés, dans l'arène, en face d'un compatriote ou d'une bête fauve ; et cette rapacité du fisc « qui fit trembler les riches et périr les pauvres ». Pendant deux cents ans la Gaule fut « comme étranglée » par la main des exacteurs. C'était le commencement de ces souffrances inouies qu'une organisation sociale inique fit peser sur les humbles jusqu'à la Révolution. Les plus énergiques se réfugient dans les forêts. Poussés par la faim et la haine de Rome, ils en sortent un jour au nombre de cent mille, bravent les forces romaines, saccagent Autun et menacent Paris. Ce sont les Bagaudes. Nos élèves ignorent leur nom ; déjà l'ombre se répand autour de ces masses populaires qui travaillent, qui souffrent, et d'où sortira le peuple français.

Les invasions barbares l'épaississent encore Burgondes, Wisigoths, Saliens pillent et confisquent la Gaule, jusqu'au jour où Clovis les dépouille au profit de sa bande de Ripuaires. Quel fut dès lors le sort des populations envahies ? Trois grands faits le caractérisent. 1° Les hommes libres disparaissent, réduits en esclavage ou forcés de solliciter une terre qui les fait sombrer dans le colonat. 2° Le colonat s'aggrave. Privés de la protection des lois romaines, victimes des guerres intestines, livrés entièrement, eux, leurs familles et leurs biens, à l'arbitraire des conquérants, les colons sont réduits au sort le plus misérable. 3° Le nombre des esclaves s'augmente des hommes libres déchus et des colons qui descendent un degré de l'échelle de l'asservissement ; mais l'esclavage s'adoucit. Les Germains désertent les villes et ils affectent au travail des champs la foule des domestiques devenue inutile. L'église qui les marie, qui leur donne une famille, les élève encore ; elle les rapproche des colons avec lesquels ils finissent souvent par se confondre. Et alors, au sein de la misère et de l'oppression, les descendants des indigènes gaulois, des prisonniers de guerre transportés parmi eux, des créanciers insolvables, des anciens Gallo-Romains, ne forment plus qu'une sorte de classe unique, désignée sous le nom général de serfs.

L'évolution des envahisseurs fut aussi profonde. Les terres que les Francs se partagent après la conquête s'appellent des alleux; elles n'entraînent aucune obligation pour le propriétaire. Celles que les chefs distribueront ensuite à leurs compagnons, sur leurs parts (et les plus puissants les imiteront) s'appellent des bénéfices et s'accompagnent de certaines charges et redevances. Mais dans ces siècles de trouble, où la violence était la forme naturelle de la justice, les propriétaires des petits alleux ne pouvaient vivre longtemps ; ils se recommandent bientôt à quelque puissant seigneur ; et, comme prix de sa protection, ils déclarent tenir de lui leur domaine, à titre de bénéfice, gagnant ainsi, en sécurité, ce qu'ils perdaient en indépendance ils deviennent des vassaux. Toutefois, ils ont ressenti déjà cette passion de la liberté et de la propriété qui est au cœur de tout homme, et ils entament bientôt une longue lutte pour conquérir ou reconquérir leur indépendance ; pour devenir ou redevenir les propriétaires absolus, inamovibles, héréditaires de leurs bénéfices. La prescription trentenaire (560), le traité d'Andelot (587), l'édit de Berneuil (615) et surtout le capitulaire de Kiersy-sur-Oise (877) consacrent leurs progrès successifs que hâtent les invasions normandes et la construction des châteaux féodaux. Ainsi se sont formés lentement, pendant quatre cents ans, de la fin du Ve siècle à la fin du IXe, deux peuples distincts, superposés : en haut le monde des conquérants ou seigneurs, en bas celui des vaincus ou serfs. C'est le monde féodal.

Entre les deux, mais se rapprochant graduellement du premier pour se confondre avec lui, grandit le clergé. Après avoir résisté aux empereurs, triomphé du paganisme, refoulé les hérésies, le christianisme s'organise en entrant dans les cadres de l'administration romaine. Bientôt l'Eglise s'enrichit

des oblations volontaires, des dons des mécréants, des prémices des fruits de la terre,
de ses revenus propres, et d'une dîme, d'a-
bord volontaire, puis obligatoire. Le grand
rôle des évêques commence avec les invasions barbares, qu'ils s'efforcent d'arrêter ou
de détourner ; avec Clovis, païen, qu'ils con-
duisent par la main, de préférence aux Burgondes et aux Wisigoths ariens ; et déjà le
concile de Mâcon, en 585, décrète que le
laïque doit saluer le plus modeste clerc, se
ranger pour lui laisser passage, et même
descendre de cheval. Après Charlemagne,
l'Eglise adopte les mœurs et les institutions
barbares, elle devient une véritable aristo-
cratie territoriale et féodale, un maitre nouveau qui pesa sur le peuple, après l'avoir
d'abord protégé et relevé.

III

Que l'éclat de la haute noblesse et du clergé
ne nous empêche pas de voir la masse des
serfs. « Ce sont ceux-là, qui sont condamnés
à la faim, à la misère, au désespoir, à l'ignorance, à la superstition, pire que tout, que
nous devons faire connaître à nos enfants,
parce que ce sont nos pères, à nous qui ne
nous vantons pas de descendre de la noble
race des conquérants. » Ecrasé de redevances

en nature, de tailles arbitraires, de corvées
qui s'allongent sans contrôle, de banalités
ruineuses, de droits domaniaux innombrables,
d'une dîme qui s'étend jusqu'aux métiers in-
fâmes, du brigandage des seigneurs, le malheureux serf ronge l'écorce des arbres,
l'herbe des ruisseaux, les cadavres enfouis,
voué à une mort prématurée, sans pouvoir
disposer de son mobilier qui appartient en
partie au clergé, ni de son misérable grabat
qui revient à son dernier confesseur. Une
immense épouvante, une morne désespérance,
enracinent dans son cœur cette croyance que
l'humanité ne peut durer plus longtemps ;
que « le premier jour de l'an mille verra le
soleil s'éteindre, la terre s'engloutir et
l'homme disparaître à jamais. »

L'enfant ne se fait pas une idée exacte des
charges écrasantes et des iniquités monstrueuses, qui pesaient sur ses pères. J'ai vu
des candidats au certificat d'études ne faire
aucune différence entre nos prestations en
nature et cette arbitraire et ruineuse, et
déshonorante corvée. J'en ai vu d'autres affirmer que le droit de chasse subsiste en entier, et assimiler le pressoir banal du seigneur
à celui que leur père emprunte à son voisin
pour la fabrication de son cidre. Nous n'insistons pas assez sur ces choses du passé supposant à tort qu'elles sont très accessibles

à l'enfant, oubliant que des traits précis et surtout des rapprochements nombreux, immédiats, pris dans la vie ordinaire, autour de nous, peuvent seuls montrer nettement la situation réelle, c'est-à-dire d'un côté le pouvoir et les jouissances ; et de l'autre toutes les charges de la société au sein des éternelles angoisses de la faim.

Et cependant les esprits commencent à s'éveiller dans ce sombre moyen-âge. Si l'art est surtout religieux et la littérature presque latine à ses débuts, l'artisan des villes a néanmoins sa poésie et le roturier son poëme. Déjà le Roman de Renard parodie les chansons de gestes ; déjà les fabliaux et les soties dénoncent le désordre des ménages villageois, la dégradation, la saleté et la bêtise des vilains, l'esprit égrillard et badaud des bourgeois, l'usure du gros marchand, la violence et la cupidité des grands seigneurs, l'avarice des rois, l'ambition du Parlement, les mœurs grossières et dissolues du clergé, l'intolérance et la rapacité de l'Eglise qui devient la « *Mère-Sotte* ». L'esprit d'examen fait sourdement des progrès, la confiance dans sa propre raison grandit ; l'émancipation intellectuelle se prépare en même temps que l'émancipation individuelle. Et les Croisades ellesmêmes, entreprises par l'esprit religieux, serviront à l'abaisser ; le spectacle de plusieurs religions différentes provoquant le plus souvent une égale indifférence pour toutes.

Une profonde révolution s'opère en effet, c'est l'émancipation communale. Si la Chevalerie et la Trêve de Dieu la favorisent un peu en adoucissant les mœurs de la noblesse ; si les Croisades la préparent d'une manière plus directe par l'affaiblissement et l'appauvrissement des seigneurs, il ne faudrait pas exagérer leur influence comme on a exagéré celle du clergé et de la royauté.

Que le clergé, à l'origine, ait fondé des établissements hospitaliers, protégé les faibles, apprivoisé les barbares, adouci le sort des paysans, répandu un peu d'instruction, et provoqué le premier mouvement vers la liberté, ce n'est guère contestable. Mais le prêtre, comme le noble, s'affranchit vite de ses devoirs et accrut ses privilèges. Il eut des serfs et les garda le dernier ; oubliant qu'il était né du servage, comme il oublie parfois de nos jours ses origines populaires. Sans citer Saint Thomas d'Aquin, qui soutient résolument l'esclavage comme une institution divine ; sans citer Bossuet qui proclame que condamner la servitude, serait condamner le Saint-Esprit, nous pouvons affirmer bien haut que tous les progrès des masses populaires, du moyen-âge à la Révolution « en lumière, en liberté, en richesse, dans les arts de la vie, ont été réalisés en de-hors de l'Eglise et parfois contre elle. »

Quant aux rois, ils combattent d'abord les communes. Impuissants à les détruire, ils s'efforcent de les accaparer ; et, si parfois ils les servent, c'est pour se fortifier de leur appui. Ils ne donnent pas de chartes, ils les vendent, sauf à les reprendre plus tard. Et souvent, ils aident les seigneurs et les évêques à déchirer celles que les bourgeois leur ont arrachées.

Il faut donc chercher ailleurs la cause dé-cisive, déterminante de l'émancipation muni-cipale. Elle est toute entière dans la transfor-mation économique qui se produisit du Xe au XIVe siècle, dans la Renaissance du travail sous toutes ses formes. Oui, répétons-le bien, c'est le travail uni à l'épargne qui vainquit les despotismes, détruisit les servitudes, et affranchit les peuples. Par des prodiges de labeur et d'économie, l'artisan des villes amasse lentement un petit pécule qu'il veut soustraire à la rapacité de son seigneur. Ani-mé d'une sainte révolte contre l'oppression et l'injustice qu'il subit, il se plaint tout haut, il se concerte avec ses voisins, il se lie avec eux par de solennels serments, et un beau jour, passant des doléances aux actes, il s'in-surge et chasse les gens qui l'oppriment.

Le seigneur va-t-il consentir une charte ou combattre ces bourgeois révoltés? Sera-t-il seul ou aidé de ses puissants voisins? Le roi prendra-t-il parti dans le conflit et pour qui? Questions angoissantes! Des communes acquirent la liberté à prix d'argent; d'autres vécurent par les armes; d'autres, noyées plusieurs fois dans le sang, se reformèrent plusieurs fois et finirent par triompher, d'autres enfin furent à jamais détruites. Ne craignons pas de raconter, par le détail, quelques-uns de ces drames, les plus proches de nous, qui témoignent de l'amour de l'indépendance inné au cœur de nos pères, qui peuvent faire aimer la liberté dès l'école.

Cette révolution communale, qui couvre la France de petites républiques, retardera-t-elle l'unité de notre pays? l'affaiblira-t-elle par des divisions incessantes au sein des villes, par des luttes sanglantes avec le clergé et la noblesse, pour le livrer, impuissant, à l'étranger? Ces communes joueront-elles, chez nous, le rôle de Venise et de Gênes, de Gand et de Bruges, et le sort de l'Italie et des Pays-Bas, sera-t-il le nôtre? Non; la royauté ne tarde pas à les dominer; et, en les absorbant, elle réalise l'unité française. Déjà au XIII° siècle la royauté commence à les organiser d'une manière uniforme; Saint Louis, règle les conditions de l'élection des maires et surveille leur comptabilité. Les successeurs les soumettent aux impôts malgré les privilèges qui les exemptent La suppression de ces privilèges commence au XIV⁰ siècle ; elle s'achève au XV⁰. Successivement Louis XIII règle leurs dépenses, Mazarin les spolie de leurs droits d'octroi au profit de la royauté, et Colbert, tout en les protégeant, leur interdit de plaider sans l'autorisation royale. Un peu plus tard les rois abolissent les fonctions élues et vendent les charges de maires.

Mais avant de disparaître, les communes réveillent l'esprit public, secouent la torpeur des intelligences, développent des sentiments de fière indépendance et produisent ainsi une véritable émancipation de la bourgeoisie. Derrière ses remparts, à l'abri de son beffroi, le peuple des villes s'habitue à la discussion, il grandit par l'administration des affaires publiques, par l'amour et une première expérience de la liberté, par une éducation politique qui se poursuivra lentement à travers les siècles. Les communes furent « le rude berceau » du Tiers-Etat, qui va siéger comme une des forces de la nation, et qui, après avoir tenu les rois en tutelle au XIV⁰ siècle, finira par les renverser à la fin du dix-huitième.

Le sort du peuple s'améliore plus lentement. L'épargne était difficile avec une agriculture routinière, un matériel grossier et un bétail insuffisant, avec des pratiques superstitieuses et ruineuses, des routes impraticables, des ponts en ruines, des péages à chaque pas et une insécurité complète. Il n'est pas représenté au Tiers-Etat, et un acte du parlement de Rouen s'exprime ainsi en 1659 : « Le pauvre peuple travaille sous les ordres du Tiers-Etat, c'est celui-ci, proprement, qui l'exploite. » Si quelques serfs se transforment en vilains qui se déplacent plus facilement ; si quelques seigneurs les affranchissent parce qu'ils conservent les mêmes droits sur l'affranchi qui travaille plus et mieux ; si Louis le Gros, Philippe Auguste, St-Louis fondent des villes neuves ou des villes franches qu'ils peuplent de paysans émancipés ; si Louis X, en 1315, libéra tous ceux du domaine royal, mais en leur faisant payer cette liberté si cher que ses serfs sollicitèrent et obtinrent l'autorisation de rester en servage, il ne faut pas oublier qu'il existait encore un million de serfs en 1789.

Deux choses vont toutefois lui permettre quelques progrès : 1º La bourgeoisie des communes lui communique peu à peu l'amour de l'indépendance ; « la liberté municipale à tous ses degrés découla des villes sur les campagnes » (A. Thierry). Lorsqu'une commune conquiert une charte, l'effervescence gagne les paysans; on parle de cette charte, le dimanche après les offices, le soir à la veillée, entre voisins; on la discute, on la désire, et l'amour de la liberté nait ainsi et se fortifie au cœur des humbles, par l'influence de l'exemple et la contagion des idées.

2° Déjà, à cette époque, une passion sombre et farouche, celle de la terre, aida le malheureux serf à parcourir, sans défaillance, la longue route qui le conduisit de la servitude à l'indépendance. « Chose étrange, dit éloquemment Michelet, aux temps les plus mauvais, aux moments de pauvreté universelle où le riche même est pauvre, et vend par force, alors le pauvre se trouve en état d'acheter. Nul acquéreur ne se présentant, le paysan en guenilles arrive avec sa pièce d'or, et il acquiert un bout de terre. Mystère étrange ! Il faut que cet homme ait un trésor caché; et il en a un; le travail persistant, la sobriété et le jeûne. »

Et cependant que d'obstacles accumulés pour l'empêcher d'acquérir un pouce de terrain ! que de précautions prises pour immobiliser la propriété féodale, longtemps inaliénable, dans les grandes familles seigneuriales: droit d'ainesse, défense aux nobles de démembrer leurs fiefs, droit de rachat, etc.

Il n'arrive pas du premier coup à la propriété individuelle ; il passe par la propriété

collective. Les premières terres qu'il acquiert
sont des propriétés viagères ; à sa mort,
elles retournent au seigneur, au chapitre, à
l'abbaye, dont il est « l'homme de corps ».
Quel poignant chagrin, pour le vieux laboureur, arrivé au bord de la fosse, de ne pouvoir
transmettre à ses enfants la terre qu'il a toute
sa vie arrosée de ses sueurs ! Pour éviter
cette torture, les serfs s'engagent dans de
véritables associations, qu'on appelle des
communautés laïques, « qui se forment
d'elles-mêmes, par la parenté et le voisi-
nage ». Ils mettent en commun leurs travaux
et leurs profits. La durée du bail s'allongeant
à plusieurs générations, le groupe de serfs
devient un tenancier héréditaire, et bientôt
il aspire à devenir un véritable possesseur
et il le devient moyennant redevance. Et alors,
les survivants continuent l'exploitation, et la
mort d'un serf ne fait rien perdre à la communauté. — Un membre élu l'administre ;
elle traite avec le seigneur et plaide en justice. Sous Louis XII et François Ier, la noblesse se ruine à la cour et le paysan achète ;
les guerres de religion l'obligent à vendre.
Il rachète avec Henri IV et Sully ; les Frondes
l'obligent à revendre. Après Louis XIV il
acquiert de nouveau. En 1738, l'abbé de
St-Pierre remarque que les journaliers ont
presque tous un jardin, un coin de terre ou

un morceau de vigne ; et, en 1785, Arthur
Young s'étonne et s'effraie de voir la propriété
si divisée en France. La Révolution sanc-
tionne ses efforts séculaires. « La sueur
vient au front, dit Michelet, quand on observe
dans le détail les accidents divers, les succès
et les chutes de cette lutte obscure, quand on
voit l'invincible effort dont cet homme misérable a saisi, lâché, repris la terre de France. »
C'est une incomparable leçon pour les générations contemporaines et futures.

IV

La période qui s'étend de 1108 à 1328 est
décisive dans l'histoire du peuple ; après
s'être élevées spontanément à la liberté, les
communes espèrent se sauver en se jetant
dans les bras du roi ; ce fut leur perte.

La royauté, presque annulée depuis Louis
le Débonnaire, se relève peu à peu au XIe
siècle, par l'extension progressive de son domaine, par l'affaiblissement de la noblesse et
du clergé, et surtout par le rôle nouveau
qu'elle joue en se présentant comme le champion de l'ordre et de la justice. Tel nous apparaît Louis le Gros, qui bataille toute sa vie
contre les puissants barons de l'Ile de France,
qui fait la police de son royaume. Le paysan
allait-il avoir un défenseur et le seigneur un

juge ? On l'espère si bien que sous Louis XII, les communes émettent la prétention de relever directement du roi, ce qui leur permettait d'être jugées par lui et non plus par des seigneurs, juges et parties à la fois. On l'espère surtout lorsque les baillis et les sénéchaux, créés par Philippe-Auguste, se répandent dans les provinces pour trancher les différends entre les communes et leurs seigneurs, pour rendre la justice aux serfs mal jugés, qui en appelaient devant eux. Cette innovation excita l'enthousiasme des populations qui tressaillirent de soulagement et d'espérance. St-Louis les multiplie, en même temps qu'il légitime la royauté par son amour du droit et de la justice. Philippe le Bel va plus loin ; il les choisit parmi les légistes qui rêvent la restauration de l'empire romain sous un roi tout-puissant et entament, contre la féodalité, à coups d'arrêts, une lutte âpre et impitoyable qui l'emporta.

La guerre de Cent ans remet tout en question. La royauté succombe et les souverains étrangers montent sur le trône de France. La noblesse, ruinée par la continuité des guerres, décimée par les batailles, déshonorée par ses défaites, perd à jamais son prestige et son autorité. Prises et reprises, pillées et rançonnées par les Français, les Anglais et les brigands des Grandes compagnies ; écrasées de charges nouvelles, les *villes* n'ont plus la force ni le courage de vivre libres. Abandonnés aux violences et à la rapacité d'un ramassis de bandits aux noms significatifs d'écorcheurs, de routiers, de malandrins ; victimes des plus atroces sauvageries, les paysans abandonnent leurs chaumières et rejoignent ces bandits dans les bois. Le désert se refait; le pays perd la moitié de ses habitants et le peuple exaspéré se soulève : c'est la Jacquerie.

Aveuglés par le respect inconscient de ce qui est riche et puissant, des enfants applaudissent encore au massacre de Jacques Bonhomme, sans entendre ses longues et douloureuses revendications, sans s'apitoyer sur sa femme et ses enfants qui pourrissent de longs mois dans des souterrains. Ce qui étonne, c'est sa patience et sa résignation séculaires. Mais ses souffrances avaient dépassé la mesure. « Tous avaient frappé dessus, dit Michelet, comme sur une bête tombée sous la charge ; la bête se releva enragée et elle mordit. » Et la contre-Jacquerie fut mille fois plus riche en forfaits hideux que la Jacquerie elle-même.

Les Anglais chassés, la royauté poursuit ses progrès et rien n'arrêtera désormais sa marche inflexible en avant; Charles VII lui donne une armée permanente et une taille

perpétuelle; Louis XI la délivre du duc de
Bourgogne et Anne de Bretagne d'une folle
révolte des seigneurs. Louis XII la fait aimer
du bien et de la sécurité qu'il assure; enfin
François Ier achève de réduire le clergé par
le concordat de 1516 et la noblesse en l'atti-
rant à la cour où elle se ruine dans l'oisiveté
et la dissipation. Et alors, le paysan qui paie
toujours les mêmes redevances à son seigneur, mais qui ne le connait plus, qui n'en
reçoit plus ni bienfait, ni justice, ni police, ni
patronage, commence à se demander pourquoi il nourrit et paie des gens à ne rien
faire, pourquoi, exempts d'impôts, ils viennent enlever ses moissons, à lui, le misérable,
le laborieux, le seul producteur qui succombe sous les charges. Il sentit plus vivement l'injustice et l'inégalité. Et cette infidé-
lité à leur rôle de protecteur, cette incapacité
à remplir les anciennes fonctions pour les-
quelles ils percevaient encore tant de redevances, accumulèrent sur eux les haines,
plus encore que leur despotisme d'autrefois.

V

Voilà la royauté toute puissante; contre
quels maux nouveaux le peuple va-t-il échan-
ger ses anciennes misères? Un double courant se produit; d'une part, les vieilles ins-

titutions subsistent, les abus se perpétuent et la situation s'aggrave ; d'autre part les esprits s'éveillent, le peuple élève peu à peu la voix, il proteste ; et, quand le contraste devient trop violent, la Révolution éclate, mûre dans les cœurs, avant d'être consacrée par une constitution. Examinons séparément l'artisan des villes et l'ouvrier des campagnes.

Partout aujourd'hui l'industrie est libre, la concurrence ouverte, la vente sans contrôle et les contrats laissés à la liberté de chacun. C'est le régime de la liberté du travail ; les corporations en étaient la négation. Qu'elles aient assuré une certaine qualité aux produits, provoqué une intimité domestique entre le patron et l'apprenti qui n'existe plus aujourd'hui dans nos usines, protégé l'artisan contre une concurrence aiguë, funeste aux petits, préparé des ouvriers complets par une certaine indivision du travail et favorisé l'émancipation collective des villes en face du seigneur armé et de l'Eglise toute puissante, c'est incontestable. Mais leurs bienfaits furent éphémères, leurs maux durables. N'ont-elles pas maltraité l'apprenti sans le payer, écrasé le compagnon de la durée de l'apprentissage et du prix du chef-d'œuvre alors qu'elles donnaient gratuitement la maîtrise aux fils et neveux de l'ancien maitre ? N'ont-elles pas multiplié les procès, monopolisé la production, restreint la concurrence, haussé indéfiniment le prix des choses et sacrifié toujours l'intérêt général à leur intérêt particulier. N'ont-elles pas étouffé l'initiative personnelle, encouragé la routine, engendré des haines incalculables pour les maitres, la servitude pour l'ouvrier, les exactions pour l'inventeur et presque la stérilité pour l'esprit de découverte ?

Après avoir absorbé les villes, la royauté met progressivement la main sur les corporations. Déjà au XIIIe siècle, elle s'efforce de les organiser sur un plan uniforme. Après la Jacquerie, Charles V, alors régent, modifie leurs statuts en leur reprochant des règlements « qui sont plutôt faits pour le profit des personnes du métier que pour le bien commun ». Louis XI crée des lettres de maitrise ; François Ier leur enlève l'élection de leurs magistrats et les fait administrer par des officiers royaux ; François II dispense de produire le chef d'œuvre ; Henri III donne à sa sœur, à l'occasion de son mariage, le droit de créer, pour les vendre, deux charges de maitre dans chaque ville du royaume ; Louis XIII règle leurs dépenses, Mazarin les spolie de leurs droits d'octroi ; Colbert surveille leurs budgets et leur interdit de plaider sans l'autorisation des rois. Ceux-ci, après lui, multiplient les prescriptions, allongent les règlements, provoquent à la fraude, et bientôt le roi pourra créer des charges de maitre, les vendre, les reprendre et les revendre. Un instant abolies par Turgot, elles sont rétablies après lui. La Révolution seule pouvait nous donner la liberté du travail.

Le sort du peuple fut plus misérable encore ; qu'on en juge par l'indication rapide des charges du passé qui subsistent et des charges nouvelles qui se créent. Le clergé prélève toujours la dîme sans payer d'impôts, et le seigneur la taille, les banalités, la corvée, les péages et des taxes ; toujours il abuse du droit de chasse, de garenne et de colombier. Sous Louis XIV plus de cent seigneurs vivent encore de pillage et d'assassinats. partout l'inégalité et l'injustice : aux états provinciaux et généraux, devant les tribunaux, dans les camps, au pied des autels, et la royauté elle même les consacre en termes injurieux pour les roturiers. L'édit sur les duels parle avec mépris des « gens de naissance ignoble » qui veulent imiter les vices de la noblesse et les condamne à être pendus ou étranglés.

Quelles sont les charges nouvelles qui pèsent sur lui ? 1° C'est d'abord une taille royale, arbitraire, frappant uniquement la partie la plus misérable de la population, répartie entre les paroisses par l'intendant, et entre les habitants de chaque paroisse par des collecteurs responsables. Pour l'éviter, le laboureur simule la misère, (un rôle trop facile hélas !) cultive avec peu de bétail, sans amender ses terres. Il paie sou à sou, indemnise les huissiers, enivre les sergents, jusqu'au jour de la saisie, jour redoutable où tout est vendu : animaux domestiques, instrument de labour, portes et volets, tout jusqu'aux briques de la cabane démolie. 2° Des aides nouvelles frappent le vin vendu au détail et en augmentent le prix d'un tiers ; l'octroi le double, les procès des communes le triplent, et la mesure de vin vendue un sou à Orléans en valait vingt en Normandie. 3° Des douanes intérieures aggravent encore la situation. L'impôt le plus impopulaire est la gabelle. Seul l'état vend du sel et chacun doit lui en acheter une certaine quantité. Le prix varie d'une province à l'autre d'où le faux-saunage. Paysan, prêtre, soldat, tous font la fraude ; aussi les amendes sont considérables et les pénalités atroces. En bande, c'étaient les galères la première fois, la corde à la seconde. Et ce n'étaient pas des condamnations factices ; il était exécuté, chaque année, huit fois plus de faux-sauniers que d'assassins aujourd'hui. 4° Si l'on ajoute que le roi conservait une partie des banalités ruineuses, qu'il abusait d'une façon odieuse de la corvée royale en l'exigeant en toute saison, on verra que l'oppression fiscale ne fut jamais portée à un aussi haut degré. Et si l'on songe encore que la dixième partie à peine de ces sommes entrait dans les caisses de l'Etat, le reste grossissant celle des traitants, on conviendra que cette administration financière était aussi imbécile que criminelle.

Au cours de ces quatre siècles de monarchie absolue, les éclaircies furent rares et courtes dans le ciel sombre du paysan. Les règnes de Louis XII, François I, Henri II, sont les plus heureux pour lui. La paix règne à l'intérieur ; l'agriculture se perfectionne et s'enrichit de certaines plantes du Nouveau-Monde ; l'industrie progresse, le commerce s'étend, et les métaux précieux, qui abondent brusquement, transforment la vie intérieure du peuple. Aussi, la population s'accroît, et les villes, naguère désertes regorgent d'habitants.

Les guerres de religion anéantissent cette prospérité, et ressuscitent les plus épouvantables misères de la guerre de Cent ans. Les désordres administratifs, les excès des gens de guerre, la proscription des Protestants, les haines religieuses, les représailles abominables ruinent le pays. Ligueurs ou luthériens, papistes ou huguenots, reitres allemands et soldats espagnols traversent le pays, semant des crimes sans précédent et une désolation inouie. Plus de bétail : le paysan tire la charrue avec sa femme et ses enfants ; le tocsin recommence à retentir lugubrement à l'approche de ces nouvelles bandes et « la France est tellement défigurée qu'elle commence à faire pitié à ses plus grands ennemis ».

Le peuple respire un moment avec Henri IV et Sully qui termine les guerres religieuses, rendent la sécurité aux campagnes et diminuent les charges du paysan. L'agriculture s'instruit de la science d'Olivier de Serres, l'industrie s'enrichit du mûrier et de la soie, et des voies de communication nouvelles favorisent le commerce.

Mais les frondes éclatent et le peuple en supporte presque tous les maux sans y participer. Des mercenaires étrangers, de tous pays, des bandits endurcis à la guerre, dévastent et dépeuplent les provinces. Guerre ridicule, a-t-on dit, qui mérite d'être écrite en vers burlesques. Erreur profonde, répondrons-nous ou sanglante ironie ! Si la noblesse la fait gaiement, à la légère, le peuple en souffre cruellement, et elle jette la France désemparée dans de nouvelles tempêtes avant qu'elle ait pu guérir ses récentes blessures.

Colbert lui donne un rayon d'espérance ; mais il est obligé d'écraser l'agriculture pour fournir aux dépenses du roi. En 1762, commencent des guerres incessantes, des constructions folles, une oppression mécanique toujours plus lourde, des insurrections terribles, cruellement réprimées, et le siècle de Louis XIV, dans sa partie la plus brillante et la plus glorieuse, fut le véritable siècle de fer des paysans. L'hiver de 1709 s'ajoutant à cette épouvantable détresse, la misère monte, monte toujours, gagnant la noblesse, gagnant la cour, gagnant le roi lui-même : on sert du pain de seigle sur sa table. Les intendants comme Lesdiguières, des prélats comme Fénelon, des écrivains comme La Bruyère et St-Simon, des économistes comme Vauban, nous montrent « la France qui se tourne en un vaste hôpital désolé, sans provisions, où « des animaux farouches noirs, livides, brûlés du soleil » « dévorent l'herbe des fossés et l'écorce des arbres, où des enfants se repaissent de bêtes crevées et se disputent les os des morts dans les cimetières. »   .

Le XVIIIe siècle ne leur fut guère plus doux. C'est en 1739 que le marquis d'Argenson s'exprime ainsi : J'ai vu, depuis que j'existe, la gradation décroissante de la richesse et de la population. Au moment où j'écris, en pleine paix, avec les apparences d'une récolte, sinon abondante, du moins passable, les hommes meurent tout autour de nous, comme des mouches, de pauvreté et broutent l'herbe. Le duc d'Orléans porta dernièrement au Conseil, un pain de fougère. Il le posa sur la table du roi en disant : « Sire, voilà le pain de quoi vos sujets se nourrissent. »

Après huit années de paix extérieure, de nombreux soulèvements éclatent provoqués par la faim ; la période de 1750 à 1768 en est pleine.

Et la situation n'est pas meilleure à la veille de la Révolution. Young qui a parcouru la France de 1787 à 1789 constate quelque aisance dans le Béarn et la Provence, mais, au sud de la Dordogne, en Bretagne, en Champagne, il nous montre les paysans semblables à des fumiers ambulants, sans bas, sans souliers, en haillons dégoûtants, plus mal habillés que s'ils n'avaient pour ainsi dire pas du tout d'habits. Young sait bien à qui attribuer la misère ; « il suffit qu'il y ait quelque part un château pour que le pays soit en friche tout alentour. Et cet Anglais si conservateur s'écrie dans un moment d'indignation : Oh ! si j'étais seulement législateur de France, je ferais bien danser tous ces grands seigneurs. Le moment de la danse n'était pas loin (Rambaud).

Mais ces misères n'arrêtent pas le mouvement des esprits. A la fin du moyen-âge, de grandes inventions hâtent le progrès. La poudre à canon fait du serf l'égal de son seigneur sur le champ de bataille. La boussole permet les longs voyages ; les découvertes maritimes font travailler les imaginations et commencent à ébranler la foi. La prise de Constantinople pousse en Europe les savants grecs. Toutefois la cause essentielle de la Renaissance fut l'invention de l'imprimerie qui multiplie les livres à l'infini, facilite la lecture, augmente le désir et les moyens de s'instruire, et permet d'agir sur les raisons d'une manière plus heureuse et plus durable. C'est par elle qu'une opinion publique se forme, puissante déjà par le nombre de ceux qui la partagent, tribunal indépendant auquel il est difficile de rien cacher et impossible de se soustraire. La discussion des erreurs devient possible, le peuple se régénère par l'étude et le savoir : « le droit, la justice, la science, la liberté humaine se relèvent, et le monde, échappé au cercle de fer du moyen-âge, renaît réellement. » La civilisation moderne affirme déjà ses principes ; l'intelligence prend l'essor pour ne plus abdiquer.

La Réforme fut une seconde étape de l'émancipation de l'esprit humain. Avec elle, apparaissent la tolérance religieuse, la liberté de conscience, l'égalité des cultes. Le parti de la tolérance lutte avec l'Hôpital et l'édit de Saint-Germain fut sa première victoire ; il lutte avec les Politiques, dont le manifeste fut la Satire Ménippée ; il lutte avec Henri IV, son plus illustre représentant. Refusant au pape le droit exclusif d'interpréter la Bible et l'Evangile, le Protestantisme prétendait les interpréter lui-même et ne croire que ce qu'il y trouvait ou penserait y trouver. Il substituait ainsi la raison à la foi aveugle, et il introduisait dans le monde le principe du libre examen « qui est devenu l'âme de la société moderne, et sans lequel il n'y a ni science, ni philosophie, ni liberté, ni justice ». Elle provoqua un mouvement immense des esprits qui survécut aux persécutions et aux guerres civiles. Qu'on en juge : aux Etats Généraux de 1614, le Tiers-Etat, présidé par Robert Miron, réclamait déjà l'abolition du servage, l'égalité de tous les Français devant l'impôt, la suppression des corporations et des douanes intérieures, des garanties pour la liberté individuelle, la réunion périodique des Etats et l'indépendance de la couronne vis-à-vis du Saint-Siège !

Les calamités du règne de Louis XIV, réveillent l'esprit d'opposition un moment endormi. Des chansons et des pamphlets dénoncent la ruine de la France. Des livres hostiles au roi et notamment « Les Soupirs de la France esclave qui aspire à la liberté », sont répandus partout par les Protestants. Pour avoir signalé le mal, pour avoir voulu le guérir, Fénélon est exilé à Cambrai, Boisguilbert banni en Auvergne, Vauban disgrâcié et son livre (la Dîme royale) condamné au pilori.

Le mouvement des esprits se précipite avec Louis XV qui avilit la royauté par les désordres de sa vie privée, qui la déshonore par ses défaites, qui écrase le pays de son despotisme et le ruine de ses dépenses. Organes des plaintes générales, les écrivains attaquent vivement la monarchie absolue, critiquent les institutions et en proposent de meilleures. La plupart s'occupent des questions politiques et sociales, ce sont les philosophes. Les autres s'adonnent aux questions économiques, ce sont les économistes. Parmi les premiers, Montesquieu flétrit le despotisme et réclame la séparation des pouvoirs comme le fondement de la liberté politique. Voltaire attaque l'arbitraire royal et l'intolérance de l'Eglise. Rousseau affirme que la liberté humaine est inaliénable, que les rois gouvernent en vertu d'un contrat librement débattu, et qu'ils peuvent être révoqués s'ils violent leurs engagements, théorie qui conduit directement à la République. A leurs côtés,

Diderot et les Encyclopédistes répandent leurs doctrines et jettent dans le peuple la semence révolutionnaire. Parmi les seconds, Quesnay fait découler toute richesse de la terre, et cette théorie étroite le conduit « par un sentier détourné sur la grande route de la liberté du travail et des échanges. » Gournay s'attaque au colbertisme, professe que la richesse des Etats consiste surtout dans l'abondance des produits et dans leur circulation facile. « Laissez faire, disait-il, laissez passer », battant ainsi en brèche, tout l'échafaudage des règlements et des monopoles. Turgot suit la véritable doctrine économique, celle de Adam Smith ; il affirme que le travail sous toutes ses formes est la vraie source de la richesse des peuples et qu'il faut le délivrer de toutes ses entraves. Et, sous leur influence à tous, grandissent 1° la haine de l'absolutisme royal, du fanatisme, des institutions féodales, des privilèges et des monopoles ; 2° l'amour de la liberté et de l'égalité du droit.

VI

Nous sommes en 1789. Rien n'est changé dans les lois ; mais une révolution profonde s'est faite dans les esprits. Pas une des réformes de la Constituante qui ne soit réclamée dans les cahiers des Etats ; pas un de ces cahiers qui ne contienne la revendication, parfois humble et respectueuse, mais souvent irritée et menaçante, de la souveraineté nationale, de l'égalité des droits et d'une liberté inviolable pour les personnes, L'œuvre de la Révolution fut immense. Néanmoins nous la résumerons très rapidement, car c'est la période de l'histoire du peuple que l'instituteur connait le mieux, et c'est celle que nos manuels traitent avec le plus de clarté et d'esprit de suite.

En 1789, le roi est toujours absolu ; l'Assemblée Constituante en fait une sorte de magistrat supérieur chargé d'exécuter les ordres de la nation ; elle lui enlève presque tous ses pouvoirs pour les donner à une Chambre élue.

En 1789, la liberté individuelle n'existe pas avec le servage et les lettres de cachet, ni la liberte du travail avec les corporations, ni la liberté de conscience avec l'intolérance catholique, ni le droit de propriété avec les confiscations, ni la liberté de la presse avec la censure. La Révolution proclame la liberté individuelle, émancipe les derniers serfs (un million), supprime les corporations, libère les consciences et affranchit la presse.

En 1789, l'égalité n'est qu'un vain mot avec la division des Français en trois ordres, la dîme du clergé, les droits féodaux de la noblesse, les exemptions d'impôts des classes privilégiées, et leur admission exclusive aux plus hauts emplois civils et militaires, avec une justice spéciale pour les nobles et les prêtres et une législation particulière pour les juifs et les protestants. La Révolution proclame le principe de l'égalité parmi les hommes ; elle fait disparaître les trois ordres, abolit la dîme, supprime les vieilles charges féodales sans compensation, établit une justice unique, décrète l'admission de tous aux emplois publics, relève les juifs et les protestants, laïcise l'état-civil et enlève à l'Eglise le monopole de l'enseignement. En un mot, elle détruit cette monstrueuse inégalité qu'on peut résumer ainsi : un quart du territoire seulement payait l'impôt, et vingt-cinq millions de Français étaient exploités pour le plus grand bien de trois cent mille privilégiés.

VII

La conquête de la terre par le paysan et la liberté du travail pour l'ouvrier, voilà les deux grands faits économiques que l'on retrouve à la base de l'évolution des classes laborieuses au dix-neuvième siècle.

1° Le nombre des paysans propriétaires

s'accroît par le partage des biens communaux, par la vente des biens ecclésiastiques, des biens de la couronne, par celle des biens des émigrés surtout, car la Convention les fractionne au préalable. Et ce sol se libère de ses anciennes servitudes ; si la Constituante distingue des charges féodales qu'elle supprime sans indemnité et des redevances qu'elle déclare rachetables, la Convention, en 1793, abolit les dernières sans compensation.

Immédiatement, l'agriculture progresse. Sous l'Empire déjà, les assolements se perfectionnent, les jachères diminuent et les engrais se répandent.

De 1815 à 1848, les communications s'étendent, des débouchés nouveaux se créent, le matériel s'améliore et baisse de prix, l'agriculture se vivifie de la science de Mathieu de Dombasle, et la population augmente de 5 millions d'habitants.

Sous le second empire, les terrains s'enrichissent de guano et de phosphate de chaux ; ils s'assainissent par le drainage ; la valeur de la propriété foncière s'élève et les salaires agricoles augmentent : c'est le point maximum. Mais depuis vingt-cinq ans environ, l'agriculture française traverse une crise pénible, provoquée par la concurrence des pays éloignés, concurrence rendue possible par la multiplication des moyens de transport, Le prix du blé a baissé ; l'oïdium et le phylloxéra ont réduit considérablement notre production vinicole ; le lin et le chanvre sont en décroissance. La betterave et les prairies naturelles n'ont pas compensé ces pertes. Aussi la propriété foncière a diminué de valeur et les salaires agricoles ont augmenté. Dès le début de la crise, les cultivateurs ont fait appel à l'intervention de l'Etat ; mais la protection ne semble pas avoir donné tous les résultats qu'on en attendait ; et nous demandons aujourd'hui des remèdes plus efficaces à l'instruction agricole et à l'association des agriculteurs.

2° L'industrie végète sous la Révolution, se relève sous l'Empire, et se transforme complètement de 1815 à 1840, avec les applications de la vapeur : « La grande industrie succède à l'industrie domestique. Des usines immenses se créent avec de vastes capitaux, un outillage coûteux, et un champ d'échange d'une étendue inconnue. Le travail à la main cède au travail mécanique ; le petit artisan quitte son traditionnel métier, son atelier familial, où il travaillait un peu à ses heures, pour l'usine où il travaille à des heures déterminées, enrégimenté et caserné, véritable soldat de l'armée du travail. »

Quels furent les résultats de cette transformation ? Quelques-uns sont excellents : le prix de revient diminue, les produits deviennent accessibles au plus grand nombre, les salaires augmentent et le bien-être général de la classe ouvrière s'accroît. Mais de graves inconvénients surgissent bientôt. C'est, parfois, le manque de travail, le chômage en masse, la misère générale. Ce fut ensuite, et surtout en 1845, l'abaissement des salaires quand l'offre du salaire dépassa la demande. Ce fut enfin la durée excessive de la journée de travail dans des usines trop souvent insalubres. Pour utiliser leur matériel et multiplier leurs produits, les patrons imposent des journées de quatorze et quinze heures, et cette industrie fut si particulièrement terrible aux enfants qu'une loi, bien imparfaite d'ailleurs, dut réglementer leur travail dès 1841. Et c'est bien moins contre le taux des salaires que contre les heures de travail qu'éclatèrent les émeutes nombreuses qui marquent la fin de la monarchie de Juillet.

Toutefois, cette vie urbaine, agglomérée près de la fabrique, va donner aux classes ouvrières la force par l'union, par la solidarité, par la conscience de la communauté de leurs intérêts et de leurs aspirations. Désarmés individuellement en face du patron et du capital, ils se groupent pour résister à leur oppression, pour s'affranchir des abus, et des associations ouvrières se créent bientôt.

Mais il leur manque deux choses : 1° une existence légale ; 2° une instruction plus complète, qui permette de discerner plus clairement le but et de l'atteindre.

La loi, ils ne devaient pas l'attendre de la bourgeoisie qui bénéficiait de leur isolement; il fallait qu'ils la fassent eux-mêmes, et pour cela, qu'ils entrassent à la Chambre. Or, la Constituante, par une inconséquence injuste qui sacrifiait l'ouvrier, refusa le droit de vote aux citoyens trop pauvres pour payer une contribution directe, et les différentes lois électorales, jusqu'en 1848, le lui refusèrent également. La deuxième République le lui donna. Cette Révolution de 1848 fut une révolution sociale. Pour la première fois, les classes ouvrières entraient en lutte directement pour améliorer leur sort, pour faire entendre leurs revendications avec chance de succès ; et déjà elles réclamaient de l'Etat, la réglementation du travail, le droit au travail, la limitation de la journée et la création d'ateliers nationaux qui amèneront les terribles journées de juin.

Dès lors les progrès des classes ouvrières s'accentuent malgré les entraves apportées par le second Empire au suffrage universel, et il ne faut pas craindre de faire connaître cette œuvre législative. Résumons-la en quelques mots.

1° Un décret de 1848 établit l'égalité pour le nombre des membres, ouvriers et patrons, dans les conseils de prud'hommes.

2 Le droit de coalition est accordé aux ouvriers en 1864.

3° En 1868 est abrogé l'article 261 du Code civil qui disait que, en cas de discussion du contrat de louage de service, le patron serait cru sur parole.

4° La loi sur les syndicats professionnels, en 1884, accorde enfin aux ouvriers le droit d'association qu'ils réclamaient depuis si longtemps comme le complément nécessaire du droit de coalition. Ainsi groupés d'une manière permanente, ils ont mieux connu la nature de leurs intérêts personnels et ils ont agi avec plus de force dans la revendication de leurs droits.

5° En 1892, une loi sur la conciliation et l'arbitrage indique la procédure à suivre pour essayer de régler les différends avant que le conflit arrive à l'état aigu.

6° La même année, une loi, modifiée en 1900, a réglementé le travail des enfants, filles mineures et femmes dans les manufactures.

7° En 1893, le droit à l'Assistance médicale gratuite pour les indigents a été proclamé.

8° Enfin, en 1898 une loi sur la responsabilité des accidents dont les ouvriers sont victimes pendant leur travail « a introduit le principe nouveau du risque professionnel.»

9° D'autres mesures sont à l'étude encore : la caisse des retraites ouvrières, l'assurance contre le chômage, qui témoignent de la sollicitude des pouvoirs publics pour les classes laborieuses et de l'influence d'un sentiment nouveau dans les jeunes générations : la solidarité.

Arrivés là, nous dirons à l'enfant : Fais un retour sur le passé. Maltraité, vendu, tué en toute impunité par ton père dans l'anti quité ; victime d'une discipline impitoyable et d'un ascétisme déprimant au moyen-âge ; abandonné aux domestiques et sevré de toute affection de famille dans les temps modernes, tu es devenu, de nos jours un petit roi, et trop souvent un petit Dieu. Romanciers et poètes te célèbrent à l'envi ; peintres et sculpteurs reproduisent sans cesse tes traits ; et parmi cette sorte d'adoration qui t'enveloppe, on ne parle que de tes droits ; on en oublie tes devoirs. L'inspection médicale de ta nourrice te protège contre les maladies du premier âge, et la déchéance paternelle contre l'indignité possible de tes parents. Des crèches s'ouvrent pour te recevoir, l'Assistance publique s'organise pour te nourrir et te vêtir ; des lois scolaires assurent ton triomphe sur l'ignorance, et une bienfaisante réglementation te sauve d'un travail excessif et prématuré. Orphelinats, patronages, sociétés protectrices, associations de sauvetage, mutualités se fondent pour supprimer tes privations matérielles, pour élever le niveau de ta moralité : voilà le progrès en ce qui te concerne.

Dans un domaine plus vaste, tu as vu les plébéiens enlever de haute lutte ces droits civils, politiques, religieux que les praticiens leur refusaient avec une tenacité désespérée. Tu as vu les serfs du moyen-âge s'organiser en communes malgré la coalition des puissants seigneurs, et la complicité des rois et du clergé ; les bourgeois grandir par le travail et l'épargne, abattre la noblesse avec l'appui intéressé de la royauté, se retourner contre leur alliée devenue tyrannique et proclamer les droits de l'homme à la face du monde asservi ; les paysans et ouvriers, un peu sacrifiés par la Révolution, revendiquer, pendant plus d'un demi-siècle, cette liberté politique conquise en 1848 avec le suffrage universel, les classes ouvrières contemporaines arracher aux pouvoirs publics le droit à la grève, le droit d'association, la limitation des heures de travail, et une loi sur les accidents. Que te reste-t-il à conquérir ? Une instruction plus étendue, un logement plus salubre, des loisirs plus nombreux et une sécurité matérielle que garantiront bientôt, il faut l'espérer, des lois sur les retraites ouvrières et l'assurance contre le chômage.

Mesure maintenant la prodigieuse étape franchie pas à pas par notre société qui s'imprègne chaque jour de justice et de fraternité ; compare le chaos féodal, l'oppression des temps modernes à la perfection relative de nos institutions ; médite ces fécondes leçons du passé, et, plein de confiance dans un avenir meilleur encore, qu'il t'appartient de préparer, tu répudieras toutes les tentatives de retour en arrière, tous les découragements prématurés qui dispensent de l'effort, toutes les âpres récriminations de ceux qui veulent chercher le mieux dans les convulsions de la société.

CHAPITRE X

L'ÉDUCATION CIVIQUE

SOMMAIRE. — I. Comment on le comprenait autrefois. — II. L'éducation du suffrage universel. — III. La déclaration des droits de l'homme. — IV. La liberté. — V. L'égalité. — VI. La fraternité.

I

Nous nous sommes trop attachés, naguère, au détail de nos administrations, sans parler au cœur ni à la raison, sans confronter nos institutions avec celles du passé, sans les faire comparaître devant les immortels principes de justice, de liberté et d'égalité. Cet enseignement morcelé et sec s'évanouissait, au sortir de l'école, ne laissant dans les âmes, ni l'amour ni le respect de la loi.

Au lieu de nous arrêter à ces descriptions purement techniques, nous voulons aujourd'hui faire l'éducation civique et politique du citoyen, éducation sans laquelle « le peuple souverain est un enfant qui joue avec le feu et qui risque, à chaque instant, d'incendier la maison.

II

Avant 1789, la France est en proie à l'absolutisme d'une monarchie de droit divin. Le
bon plaisir du roi, voilà la loi, toute la loi.
Mais la Révolution éclate ; et, sur les ruines
de la royauté décapitée, de la noblesse et du
clergé réduits, elle proclame la souveraineté
nationale.

Nous l'exerçons par délégation, par des
députés que nous pouvons contrôler, réélire
ou écarter ; et nous sommes ainsi, toujours,
partout, les régulateurs uniques de nos intérêts, et les arbitres tout puissants de nos
destinées. C'est là l'immense supériorité du
gouvernement républicain sur tous les régimes qui livrent à un seul homme, la fortune,
l'honneur, la liberté et la vie de tous. Ne
craignons pas de le répéter, car certains
écrivains, et non des moindres, raillent volontiers « les immortels principes » et s'efforcent de discréditer l'esprit de la Révolution.

Notre devoir primordial, c'est donc de nous
livrer à un apostolat incessant du suffrage
universel ; c'est de l'éclairer par l'instruction
en l'affermissant dans ses tendances démocratiques ; c'est d'éloigner avec horreur « de
l'esprit de l'enfant, cette idée qu'on peut se
déterminer au vote par des considérations

tirées de l'amitié et de la haine, surtout par
des considérations tirées de l'intérêt personnel. Il faut que cela devienne chez lui comme
une sorte d'instinct acquis, si bien que, lorsque ce jeune citoyen s'approchera de la simple boite de bois blanc, déposée sur la table,
il éprouve quelque chose de cette émotion
que ressentent les croyants lorsqu'ils s'ap-
prochent de l'autel ». (P. Bert).

Sachons le reconnaitre : le suffrage universel manque encore de lumières pour distinguer toujours le vrai du faux. Ignorant et
naïf, il croit trop souvent aux promesses les
plus irréalisables ; il accepte sans contrôle
les insinuations les plus perfides et les accu-
sations les plus mensongères. Que de mobilité, d'inconstance et même d'incohérence
dans ses manifestations successives ! Que
d'engouements dangereux, de retours sou-
dains et irraisonnés dans ses préférences !
Que d'erreurs et de défaillances produites
par une presse trop souvent vénale ! Que
d'abstentions volontaires et d'indifférence
coupable dans les élections les plus impor-
tantes ! Et, parfois aussi, que de corruption
cynique dans ses mobiles ! Il s'instruit si lentement des leçons du passé ; il s'égare dans
les plus grossières erreurs avec une facilité
si inconcevable, que Jules Simon disait : « En
vérité, l'histoire ne sert de rien ; on prend

tous les jours l'humanité avec de vieux pièges
qui ont déjà servi. »

Son éducation n'est pas faite ; elle est à
peine ébauchée. Si nous ne la complétons
pas ; si nous l'abandonnons à des lectures
sans choix, à des réunions politiques sus-
pectes, à des propagandes tortueuses ou aux
polémiques violentes qui précèdent les élections ; si nous comptons pour faire des
hommes et des citoyens, sur le hasard, sur
l'atelier, sur la rue ou le cabaret, nous expo-
serons notre démocratie aux défaillances les
plus dangereuses, et les glorieuses conquêtes
de nos pères aux plus odieuses tyrannies.

Répétons bien à l'enfant : que ton vote soit
libre, si tu veux qu'il ait une signification et
une valeur. Résiste à toute tentative d'inti-
midation, à toute menace, à toute violence ;
écoute un conseil ; médite-le ; mais ne per-
mets à personne de peser sur ton suffrage
et n'obéis qu'à ta seule conscience. Que ton
vote soit *éclairé*. Instruis-toi des intérêts
généraux de ton pays, des aspirations qu'il
manifeste, des maux qui le frappent, des
espérances qu'il conçoit, des réformes qu'il
sollicite et des progrès qu'il appelle. Puis
apprécie ton candidat, par ses articles, par
ses discours, par ses professions de foi, et
surtout par son passé et par ses actes. —
Que ton vote soit *désintéressé*. Ne te laisse

jamais déterminer par le souci de ton emploi,
ou la crainte d'un dommage. Si tu votes pour
ton parent parce qu'il est ton parent, pour ton
ami parce qu'il est ton ami, tu mets tes affections au-dessus de tes idées et de tes opinions. Ne l'oublie pas : tu peux vendre ta voix
de mille manières, les unes honteuses, les
autres cyniques ; et, toutes les fois que tu
espères de ton vote un avantage personnel,
immédiat ou futur, tu trafiques de ton bulle-
tin. Et n'objecte jamais que ton suffrage ne
compte pas, perdu dans la masse des électeurs : 4 voix de majorité ont gardé l'Algérie
à la France ; une seule vota l'amendement
Wallon qui créa la République.

III

Le fond même de l'enseignement civique,
c'est la déclaration des droits de l'Homme et
du Citoyen ; mais nous ne pourrions l'étudier
chapitre par chapitre sans morceler cet enseignement, sans lui enlever sa forte unité
et sa féconde synthèse. Pour l'orienter vers
quelques points saillants, d'où la lumière se
répand partout, il faut faire comparaître nos
institutions devant la devise républicaine,
montrer qu'elles comportent plus de liberté
et d'égalité que celles de tous les autres régimes, qu'elles se rapprochent sans cesse de

cet idéal de justice, qu'il est urgent de faire descendre dans les cœurs « : pour lui donner la force efficace des volontés agissantes. » Nous séduirons ainsi l'âme généreuse de l'enfant, nous gagnerons son adhésion émue et raisonnée aux immortels principes qui se trouvent à la base de nos lois actuelles.

Mais vous introduisez la politique à l'école; vous trahissez la neutralité ; vous violez les droits du père de famille, s'écrieront quelques-uns. L'accusation n'est pas nouvelle ; formulée mille fois, elle a été mille fois réfutée. — Le 25 octobre 1886, M. Goblet, ministre de l'Instruction Publique, s'exprimait ainsi à la Chambre des Députés : « Les instituteurs sont des fonctionnaires de l'Etat ; nous les choisissons et nous les nommons pour élever notre jeunesse dans les principes républicains. » Nettement posée, laquestion était hardiment résolue.

Il serait étrange que le gouvernement républicain n'eût pas le droit d'enseigner les principes républicains, avec le concours d'un personnel à lui, et en conformité avec des programmes qu'il a élaborés. Quoi! l'école privée, enseigne la haine de la République à des milliers d'enfants, et l'Etat impassible, n'éclairerait pas les esprits pour se créer de futurs défenseurs. Quoi! l'instituteur n'aurait pas le droit d'enseigner l'origine, l'esprit et la valeur de nos institutions ! il n'aurait pas le droit de répéter, après Jules Ferry : « Les trois Républiques doivent être l'objet de votre éternelle gratitude ; la première vous a donné la terre, la seconde le suffrage universel et la troisième le savoir ! » Quoi ! lorsque à la veille de la Révolution nous retrouvons le paysan aussi misérable qu'au moyen-âge, de sinistre mémoire, vous voulez que nous ne disions pas à ce paysan de l'école primaire, quel coup de théâtre a été la Révolution, et comment elle l'a définitivement libéré de la rapacité des nobles et des moines ? » Si la neutralité religieuse est un devoir strict et sacré, à l'école, la neutralité politique absolue y serait une abdication, j'allais dire une trahison. Et si, par ce rapprochement continuel du passé et du présent, on nous accuse d'enseigner la haine ; nous répondrons avec Paul Bert : « Soit ! aussi bien, il n'y a pas d'amour du bien, sans haine du mal.

Cette accusation serait fausse, d'ailleurs ; car nous éviterons avec soin deux écueils : le mépris systématique du passé et l'exaltation exagérée du présent. D'une part, c'est un crime de méconnaître l'œuvre de nos pères, d'inspirer le dédain de notre histoire aux enfants du peuple ; car le peuple lui-même a vu sortir de son sein la plupart des

héros qui doivent vivre à jamais dans sa mémoire. D'autre part, nous ne cacherons pas
qu'il subsiste encore, çà et là, bien des ves-
tiges de la vieille iniquité ; qu'il reste des progrès à réaliser, des réformes à accomplir,
pour consolider l'œuvre de justice dont les
hommes de la Révolution ont posé les fondements d'une main si hardie.

IV

La Liberté. — L'ancien régime était la négation de la liberté, la République en est le
plein épanouissement. Pour apprécier l'importance de cette conquête, il convient de
remonter à grands traits à l'asservissement
général du moyen-âge, et de marquer fortement les glorieuses étapes de la liberté : la
Renaissance et la Réforme au 16° siècle, la
philosophie au 18°, et la grande Révolution
de 1789. Le peuple a synthétisé et honni l'arbitraire de l'ancien régime dans ces prisons
d'Etat « où toute personne pouvait entrer,
sans savoir pourquoi ; rester, sans savoir
combien ; en attendant d'en sortir, sans savoir
comment. » Les lettres de cachet en étaient
les pourvoyeuses. Délivrées sans contrôle
par des rois et des ministres à leurs favo-
rites et par celles-ci, à des valets qui les re-
vendent avec bénéfice, elles se multiplient, à la

fin de la monarchie, dans des proportions effrayantes, enfouissant dans des bastilles, des maréchaux comme Biron et Bassompierre ; des écrivains comme Voltaire et Mme de Staël, des inventeurs comme Palissy, des vieillards centenaires comme Constans et des fillettes de 6 ans comme la petite Lepère.

Quel contraste avec notre justice contemporaine qui témoigne tant de respect pour la liberté individuelle, qui l'entoure d'aussi infinies précautions, accumulant les garanties, éloignant les causes de surprise, redressant les erreurs, réparant l'injustice due parfois à un concours fatal de circonstances ou à l'inintelligence d'un juge d'instruction ! Arrêté en flagrant délit, ou en vertu d'un mandat régulièrement décerné, l'inculpé est interrogé dans les vingt-quatre heures, relaxé s'il bénéficie d'une ordonnance de non-lieu, ou renvoyé devant la cour et le jury. Son défenseur peut récuser les jurés qu'il suspecte de partialité, parler le dernier aux débats et porter le jugement devant une série de juridictions différentes qui le cassent à la moindre trace d'illégalité. Nulle décision n'est arbitraire : la peine est fixée par la loi ; la sentence a lieu dans les formes requises sous peine de nullité, et la condamnation est prononcée en vertu d'articles du code que le Président fait connaître au condamné. Et ces précautions multiples seront bientôt complétées, il faut l'espérer, par une loi sur les perquisitions, les visites domiciliaires et les arrestations arbitraires. Ce souci de la stricte impartialité, ce profond respect de la liberté individuelle, pénètreront nos élèves de respect et d'amour pour la loi, bien plus que la connaissance prématurée, et par suite stérile, du mécanisme de notre organisation judiciaire. Et si l'on descend plus profondément dans le détail de ce mécanisme il faut que chaque rouage nouveau vienne fortifier cette idée d'une liberté individuelle précieusement garantie.

Liberté du travail. — Lorsque l'Assemblée Constituante supprima les corporations et proclama la liberté du travail, « devenue la loi des sociétés modernes » elle accomplit une réforme économique que l'enfant méconnait. Jamais il ne se figurera que cette liberté est née d'hier, si une comparaison rigoureuse du présent avec le passé ne l'éclaire ; si l'esclave et le serf ne se dressent devant lui ; si les corporations ne ressuscitent à ses yeux avec leurs règlements vexatoires, leurs entraves de toutes sortes, leurs inégalités de tout ordre, et leurs criantes injustices. Il faut qu'il le sache pour répudier les atteintes qu'elle subit, pour prendre la

saine résolution de la respecter lui-même et
de la faire respecter par les autres. Il le faut,
car la liberté provoque parfois une ivresse si
dangereuse que certains violents la réclament
pour eux et leur parti, tout en la déniant à
leurs adversaires; que d'autres la veulent sans
limites, dût-elle sombrer dans la licence et
l'anarchie ; dût-elle nous vouer fatalement à
un avenir de violence, d'oppressions et de
crimes.

La liberté de conscience n'a pas de limites ;
c'est un droit naturel, absolu, commun à tous,
égal chez tous. Plus de religion d'Etat, de
culte exigé des candidats aux fonctions publiques, de protestants traqués, de juifs « par-
qués dans des ghettos, de libres-penseurs
persécutés, de coins de terre isolés dans les
cimetières pour les mécréants. Naissances,
mariages, funérailles, instruction publique,
tout a été sécularisé. Quel prodigieux progrès
sur la guerre des Albigeois, le massacre des
Hussites, l'extermination des Vaudois ; sur la
St-Barthélémy, l'Inquisition espagnole, les
Dragonnades, sur les exécutions de la fin du
dix-huitième siècle, et même sur la loi du Sa-
crilège. Montrons-le bien pour incliner nos
élèves à la tolérance.

La liberté de conscience serait incomplète
sans la liberté de la presse, c'est-à-dire sans
le droit de manifester ses opinions au de-

hors, sans le régime de la libre discussion. Que d'entraves la presse ne subissait-elle pas autrefois ? Que d'autorisations refusées ou retirées arbitrairement ? Que d'ouvrages brûlés, d'imprimeurs aux galères et d'autres jetés à la Bastille, sans jugement, avant la loi du 29 juillet 1882. Mais en retour, cette presse n'a-t-elle, pas contracté le devoir de se montrer toujours droite, juste, saine et moralisatrice ? Hélas !.....

La liberté de réunion existe depuis la loi du 30 juin 1881.

La liberté d'association a été reconnue et définie par la loi du 1ᵉʳ juillet 1901.

L'Egalité. — La race française, plus qu'aucune autre a, « dans le sang et dans les moëlles, dans l'esprit et dans le cœur, l'instinct que tous les hommes sont égaux ». Or, avant 1789, l'égalité est un vain mot ; l'inégalité règne partout, flagrante et consacrée par la loi. La plupart des abus s'étaient perpétués dans leur monstrueuse iniquité, et ils auraient vécu longtemps encore, sans la tempête révolutionnaire qui les déracina et les jeta à terre. Ce qui importe surtout, c'est de bien montrer comment l'égalité pénètre nos institutions, comment elle les imprègne déjà aujourd'hui.

Service militaire. — Il est exigé de tous ; il

est le même pour tous, malgré certaines
exemptions appelées à disparaitre incessam-
ment. Tous les grades, même les plus hauts,
sont accessibles au mérite, sans distinction
de naissance, de fortune ou de religion. Deux
choses le rendent profondément honorable, pour le simple soldat autant que pour
l'officier, c'est d'abord ce caractère d'égalité
absolue qui le domine ; c'est ensuite cette
obéissance sans discussion, cette abdication
passagère de la volonté que le but sanctifie.
Non, la discipline n'avilit pas le soldat, enfant armé pour défendre sa mère, c'est un sacrifice qu'il lui consent, et, plus ce sacrifice
est grand, plus il élève celui qui l'accepte. Et
cette armée républicaine, dont tout le monde
fait partie, c'est la nation elle-même qui re-
nonce à ses volontés individuelles, par raison
et par dévouement.

Le service militaire est battu en brèche.
Les adversaires les plus modérés deman-
dent la suppression de l'armée permanente
et l'organisation de milices populaires, c'est-
à-dire la levée en masse à l'heure du danger.
Ne nous laissons pas troubler par des récla-
mations passionnées ni par des comparaisons qui portent à faux. La guerre, la guerre
maritime surtout, est une science qui exige
un long apprentissage, et l'exemple du Transwaal ne prouve rien pour des hostilités en

masse et en plaine. A l'heure actuelle, et je suis le premier à le déplorer, une armée permanente, toute prête à marcher, c'est la condition indispensable de notre sécurité, de notre indépendance et de notre influence dans le monde.

D'autres exagèrent les servitudes du soldat et les misères de la vie de caserne, prêchant presque ouvertement la révolte contre les chefs: Ils raillent leurs défauts, incriminent leur conduite, suspectent leur intelligence et dénoncent âprement leur despotisme et leurs iniquités. Pénétré de leurs idées, animé d'un esprit de sourde rebellion, le jeune soldat ne regarde pas sa mission comme un honneur, elle devient un esclavage qu'il faut dénoncer et secouer sans retard au risque de provoquer les plus graves conflits, au risque de rendre inutiles au jour de danger, les immenses sacrifices que s'impose la nation.

Je ne nie pas l'évidence : la vie de caserne présentait naguère des dangers qui s'atténuent de jour en jour : l'exploitation des jeunes, la molestation des faibles, la raillerie des inintelligents, des violences et des injustices impunies, des concussions éhontées, un esprit de caste étroit, un dédain écrasant des humbles et une grave corruption collective ; mais ces vices disparaissent à mesure que l'armée se républicanise. Disons bien à l'enfant: Si tu commandes un jour à la caserne, aime tes soldats, encourage les, respecte-les, facilite leur tâche au lieu de les aigrir par des paroles blessantes ; raisonne avec eux, éveille leur esprit d'initiative, fortifie leur volonté ; donne-leur du sang-froid et de la décision. Si tu restes simple soldat, aime ton métier, il te paraîtra doux ; obéis sans murmurer ; garde-toi d'une susceptibilité outrée ou d'une envie malfaisante ; accepte de gaieté de cœur le sacrifice que la nation t'impose. Et alors tu trouveras au régiment le développement normal de tes facultés physiques, la force, la souplesse et l'endurance ; tu y contracteras l'habitude de l'effort, du courage et de la patience ; tu y prendras une féconde leçon d'égalité et de solidarité sociales, dans cette fusion des classes qui s'y opère inévitablement. Voilà les vérités que nous devons faire pénétrer dans l'esprit et dans le cœur de nos jeunes écoliers ; ils apprendront plus tard, sans effort, par la pratique même le mécanisme de notre organisation militaire et la nature des obligations qui leur sont imposées.

L'Impôt. — L'histoire de l'impôt, c'est le martyrologe du peuple. Quelle suite effroyable d'extorsions, de violences, d'iniquités, de sanglants combats ont subie nos pères pour conquérir l'égalité devant l'impôt ! Trois principes l'y introduisent aujourd'hui : 1° L'impôt est consenti par ceux qui l'acquittent ; ils l'ont voté par leurs représentants et pour l'intérêt public ; 2° Tous le paient, riches ou pauvres, prêtres ou laïques, nobles ou roturiers, et, grâce à ses formes multiples, il atteint partout la richesse. Chacun est taxé selon ses ressources, proportionnellement à son avoir, c'est l'équité même ; 3° Enfin nous sommes égaux devant ses bienfaits. L'état le perçoit lui-même, tout entier, sans enrichir des collecteurs et des fermiers généraux, et son emploi est déterminé avec précision et contrôlé avec vigilance.

« : Qu'il ait été autrefois, oppresseur, spoliateur, c'est incontestable, dit Legouvé ; mais tel qu'il est établi aujourd'hui, il nous donne bien plus qu'il ne nous prend ; la part qu'il prélève sur nos biens nous assure la jouissance du reste ; c'est le vrai défenseur de la propriété et de la liberté ». Il importe de mettre en pleine évidence cette égalité devant l'impôt et devant ses bienfaits, pour faire répudier ceux qui l'esquivent par mille improbités de détail, pour fortifier cette idée qu'il faut être honnête avec l'Etat, comme avec les particuliers ; pour préparer une gégénération capable de payer l'impôt sans murmure, avec le respect de l'impôt luimême.

La Justice elle aussi, est organisée pour
protéger également la vie, la fortune et l'honneur de tous les citoyens. Quel progrès sur
ces tribunaux d'exception, sur ces juges à la
merci des grands, qui rendaient des arrêts
sous la pression de la cupidité et de la crainte,
sans dignité devant les puissants, sans pitié
pour les faibles. Quel progrès sur ces temps
barbares où la mort d'un homme était tari-
fiée, où l'on payait 1800 sols pour le meurtre
d'un Salien et 10 pour celui d'un gardeur de
porcs !

Si la justice est encore « boiteuse » ; si elle
coûte trop cher quoique gratuite ; si, parfois
elle semble dure aux petits et douce aux
grands, ne l'accusons pas trop vite. La loi en
elle-même est juste, inexorablement juste ;
mais les hommes qui l'interprêtent ne sont
pas infaillibles, et ceux qui l'appliquent ne
sont pas toujours au-dessus des passions et
des appétits. Elle est dans un perpétuel
devenir ; et, à chacune de ses étapes, elle
s'imprègne davantage du sentiment de la plus
pure et de la plus pratique égalité.

N'a-t-on pas créé partout des écoles gratuites avec des caisses des écoles qui déli-
vrent des fournitures, et des cantines qui
distribuent des aliments. N'a-t-on pas institué
des bourses pour permettre aux plus pauvres
de s'élever en proclamant ainsi l'égalité de-

vant la science ? N'a-t-on pas prodigué des dégrèvements de frais de trousseaux et des exonérations de prix d'études; pour permettre à nos petits primaires les mieux doués d'affronter les études secondaires ? N'a-t-on pas multiplié des examens où préside l'impartialité, et des diplômes qui ouvrent toutes grandes des carrières rigoureusement fermées autrefois? Et cette égalité éclate de plus en plus pour tous; pour les croyants dans leur religion, pour les enfants dans la famille, pour les femmes dans la société et pour les libres-penseurs dans leur indifférence. Montrons-le bien, mais en plaçant toujours, à la base de chacune de nos leçons d'instruction civique, une comparaison rigoureuse et saisissante du présent avec le passé.

La Fraternité. — Ce troisième terme de la devise républicaine résume nos devoirs. La France ne pratiqua guère la fraternité nationale avant 1789, cette vertu étant inconciliable avec les oppressions et les iniquités qui caractérisent un état social de classes hostiles et superposées. Mais elle est devenue un devoir impérieux dans notre société démocratique que ne contient plus la crainte d'un monarque absolu. Aussi, malgré les querelles des partis, malgré des haines politiques religieuses et économiques,elle pénètre graduellement les âmes d'élite où elle tempère déjà, d'une part, les enivrements de la liberté et l'âpreté envahissante de l'égalité, et, d'autre part, la ténacité des préjugés et l'obstination dans les privilèges. Seule, elle peut associer les individus isolés, coordonner les efforts, unir les cœurs et entrainer toutes les volontés à la poursuite d'un même idéal de justice, de liberté et d'égalité.

Cette comparaison permanente, continuedu chaos féodal et de l'oppression des temps modernes, avec la perfection relative de nos institutions, permettra à l'enfant de répudier à la fois, les égoïstes qui veulent ressusciter le passé à leur profit, les indolents qui désespèrent du bonheur social avant d'avoir fait un effort sérieux pour le préparer, et les violents qui cherchent le mieux dans les convulsions de la société et non dans une amélioration patiente et ininterrompue.

CHAPITRE XI

LA QUESTION DU PATRIOTISME

SOMMAIRE. — I. Rôle de la France dans le monde. — II. Les ennemis du patriotisme. — III. Le faux et le vrai patriotisme. — IV. La paix universelle. — V. Les instituteurs et le patriotisme. — VI. Education du vrai patriotisme.

I

Si la civilisation est une grande œuvre commune à laquelle toutes les nations ont coopéré, si l'Italie nous a devancés dans les arts, l'Allemagne dans la Réforme, l'Angleterre dans les institutions politiques, nous pouvons néanmoins proclamer bien haut, sans vouloir rabaisser les autres pays, que le rôle de la France a été le plus beau de tous. Champion enthousiaste du droit et de la civilisation, elle a favorisé l'émancipation des peuples, guidé l'humanité dans la voie du progrès pacifique, travaillé à l'expansion des idées de justice, de liberté, d'égalité, de fraternité et livré au monde son âme généreuse. « C'est de son sang, de ses dévouements, de ses sacrifices, de ses servitudes, disait Gambetta, qu'ont été faites la gloire et l'émancipation des peuples. » « Dieu veuille que la France ne vienne jamais à manquer au monde, s'écrie un philosophe anglais, le monde retomberait dans les ténèbres ! Michelet le montre très éloquemment : « Si l'on voulait entasser ce que chaque nation a dépensé de sang et d'or pour les choses désintéressées qui ne devaient profiter qu'au monde, la pyramide de la France irait jusqu'au ciel, et la vôtre, ô nations, toutes tant que vous êtes, ah ! la vôtre ! l'entassement de vos sacrifices n'irait pas au genou d'un enfant. »

Le patriotisme, ce sentiment si viril, si sain, si désintéressé, si fécond en mâles vertus, ne devrait donc pas trouver de contempteurs chez nous, dans notre France « pays de la raison ornée et des pensées bienveillantes, terre des magistrats équitables et des philosophes humains. » Il a pourtant des ennemis.

II

Les plus intransigeants nous disent : Qu'est-ce que le drapeau, l'honneur national, l'amour de la patrie et la patrie elle-même ? Des mots démodés, des vieilles rengaines, des préjugés caducs qui trahissent une dépression de l'intelligence et une mentalité inférieure, qui entravent d'une absurde contrainte notre expansion individuelle. A quoi bon la patrie qui permet l'exploitation et l'écrasement de la masse par une infime minorité de privilégiés, qui refuse au travailleur un pouce du sol et souvent même son pain quotidien ? Chacun est mis au monde pour soi avant de l'être pour les autres, et la grande affaire, c'est de vivre, de bien vivre. Pourquoi serions-nous enchainés à tel coin de l'univers comme le serf du moyen-âge à la terre de son maitre ? Soyons les citoyens du monde ! Si un pays nous attire par sa fertilité, qu'il soit notre patrie ; une fois épuisé, nous le quitterons pour un autre, l'esprit tranquille et le cœur sec ; là où l'on est bien, là est la patrie. « Ce vieil adage revient ainsi en honneur, on l'érige en théorie; et le patriotisme se trouve rabaissé à la satisfaction de nos besoins matériels.

Deux mots de réponse à ces égarés : Est-il vrai qu'un pays nous retienne nécessairement par ses beautés naturelles, par la douceur de son climat, par la fécondité de son sol, par le bonheur facile qu'il nous assure ?

L'habitant du pôle quitte-t-il son glacier, le Suisse sa montagne, le Hollandais son polder où ils goûtent le charme infini du souvenir et de la tendresse ? « Il semble au contraire que nous nous attachions invinciblement aux pays pauvres, en proportion des peines qu'ils nous causent et des sacrifices qu'ils nous infligent. Et nous aimons surtout notre patrie, dit Renan, quand le malheur l'abat, quand les revers l'accablent, quand la honte fait fléchir son front. C'est la communauté des douleurs, bien plus que des joies, qui rapproche et unit les cœurs, qui fonde et consolide la patrie. »

Et quelle méconnaissance de la solidarité qui nous unit aux générations passées et futures, qui fait l'unité de l'œuvre que nos pères ont commencée, que nous continuons, que nos enfants poursuivront sans l'achever ! La patrie n'aurait-elle pas le droit d'arrêter chacun de ces révoltés à la frontière comme un soldat déserteur et de lui dire : j'ai entouré ton enfance de protection et de sécurité ; je t'ai donné des lois équitables, une instruction solide, tes droits d'homme et de citoyen. Et toi, qu'as-tu fait pour moi ? Rien. Et tu fuis au moment de payer ta dette, de t'acquitter envers tes ancêtres en répandant leurs bienfaits, accrus par toi, sur la tête de leurs descendants ! Tu me voles comme tu voles tes pères et tes enfants. Prends garde ! Tes misérables sophismes ne trompent personne, pas même toi. Tu recules devant l'impôt du sang, le plus lourd de tous, devant le sacrifice de ta vie que je pourrais te réclamer un jour pour sauvegarder mon intégrité, ma dignité et mon indépendance. Voilà, derrière tes grands mots de fraternité universelle, d'humanité, d'internationalisme, les motifs réels, mais inavouables de ta conduite. Je t'excuse cependant, car il y a dans tes malédictions contre moi, l'inconsciente vanité d'étonner les masses, et parfois l'amer ressentiment de misères imméritées ; je t'excuse surtout parce que, au jour du danger, tu serais le premier à la frontière, un fusil à la main, pour arrêter une injuste agression ; tu ne le crois pas, mais moi, j'en suis certaine.

Les adversaires de l'idée de patrie ne ressemblent pas tous à ces égarés ; mais leurs doctrines paraissent plus dangereuses à mesure qu'elles s'élèvent et se purifient. Après les effroyables tueries de l'empire, des hommes de grand cœur, des philosophes, des poètes, des économistes sont venus et nous ont dit : « A bas les armes ! Pourquoi nous détruire au lieu de nous aider ? N'avons nous pas les mêmes aspirations, les mêmes besoins, la même destinée ? Qu'importent la langue que nous parlons et le coin de terre que nous habitons? Qu'importent nos souvenirs et nos luttes ? Marchons ensemble au progrès ; donnons-nous la main par-dessus les frontières pour former une même et grande famille ; que les nations soient sœurs et que la fraternité des peuples soit notre commun idéal ! » Et ces idées généreuses pénétrant dans les cœurs, l'horreur de la guerre a augmenté, mais la force du patriotisme a faibli.

Il a faibli pour d'autres raisons encore. La forme exaltée, franche, haineuse dont l'ont revêtue certains partis politiques qui l'exploitaient comme une machine de guerre contre la République ; le rôle qu'on a voulu lui faire jouer dans une « affaire » célèbre, en le confondant avec le militarisme ; les progrès intellectuels des travailleurs qui ont senti, par-dessus les frontières, la communauté de leurs besoins, de leurs revendications, de leurs misères et l'étroite solidarité qui les lie, ont fait fléchir encore le patriotisme dans les masses ouvrières.

III

Je ne prétends pas qu'il faille développer le patriotisme sans mesure et sans précaution ; car il est double. « Il en est un, dit Lamartine, qui se compose de toutes les haines, de tous les préjugés, de toutes les antipathies irraisonnées que les hommes nourrissent les uns contre les autres. Je déteste bien, je méprise bien, je hais bien les nations rivales et voisines de la mienne, donc je suis bien patriote. Voilà l'axiome brutal de certains hommes d'aujourd'hui. Vous voyez que ce patriotisme coûte peu ; il suffit d'ignorer, d'injurier et de haïr. »

Ces lignes semblent écrites d'hier. Oui, le patriotisme est trop souvent « un amour qui hait » un sentiment vague et ombrageux, prêt aux pires exaltations, étranger à toute réflexion, véritable égoïsme des peuples, qui isole et divise, qui pousse à des héroïsmes inutiles et sanglants, aux plus terribles abîmes. On l'a vu engendrer des fiertés hargneuses et des orgueils arrogants ; inspirer le mépris injuste de l'étranger ; arrêter le progrès qui naît de l'imitation du dehors ; imposer des mesures vexatoires, provoquer des méfiances injurieuses, des explosions de colère inconsidérées contre le gouvernement et jeter notre pays dans des crises soudaines aux heures critiques de notre histoire. On l'a vu, misérable caricature du vrai patriotisme, dégénérer en un chauvinisme tapageur, vantard, brutal et agressif, multiplier les guerres, accumuler les ruines et la mort pour une vaine fumée de gloire. On l'a vu servir de prétexte, d'excuse et parfois d'auréole à des ambitieux qui prétendaient le monopoliser, qui l'exploitaient à leur profit, qui le discréditaient en le jetant dans la mêlée des passions politiques, d'où il est toujours sorti diminué et perverti.

L'école fut chauvine, à une certaine époque, et elle devait l'être. En 1870, la France vaincue, mutilée, isolée en Europe, en butte à des vexations incessantes, toujours sous la menace d'une guerre nouvelle avant la reconstitution de ses forces, se pénétra d'un patriotisme ardent, exalté, presque farouche, que partagèrent les esprits les plus distingués et les âmes les plus généreuses. Ce patriotisme était alors une question de salut national. Si la France avait accepté sa défaite avec résignation, sans un cri de haine, sans le désir d'une revanche triomphante, sans l'espoir invincible de reconquérir son territoire perdu et ses fils ravis ; si elle n'avait pas imprégné l'enfance d'un sentiment profondément patriotique, si elle n'avait pas alimenté ce sentiment chez l'adolescent par des sociétés de gymnastique et des bataillons scolaires ; chez le jeune homme par la presse, la poésie, le roman et la chanson ; chez le peuple par des ligues, des fêtes commémoratives et l'érection de nombreux monuments, elle tombait dans une irrémédiable décadence, elle se ravalait, peut-être à jamais, au second rang des grandes puissances. Mais nos pères ne se sont pas abandonnés à cette lâche résignation, qui accepte la honte sans effort et sans lutte ; ils ont « espéré contre l'espoir » se relevant par l'union, par l'esprit de sacrifice, et ils nous ont refait une France forte et respectée. « Ce fut leur seule pensée, leur seul désir, leur seule volonté. »

Mais les temps sont changés. La France est sortie de l'isolement ; elle a repris son rang en Europe ; elle espère voir trancher un jour, par l'arbitrage, la question d'Alsace-Lorraine, attendant ainsi la réparation de son droit du progrès dans les idées de justice internationale ; elle a joué récemment un rôle important dans les incidents de Hull. Un patriotisme enfiévré et brutal, capable de faire sombrer chez nous les idées d'équité et de droit, ne se justifie plus ; il serait une anomalie, un danger et peut-être une honte pour notre civilisation.

« Il en est un autre, dit encore Lamartine, qui se compose de toutes les vertus, de toutes les facultés, de tous les droits que les peuples ont en commun, et qui, en chérissant avant tout sa propre patrie laisse déborder ses sympathies au-delà des races, des langues, des frontières. Ce fut celui des hommes de 89. Oui, nos pères de 89 nous montrèrent en 92 comment ceux qui osaient aimer les hommes savaient mourir pour leur patrie ». Ils ont prouvé que, pour accepter vaillamment son devoir, pour le remplir tout entier, sans défaillance devant l'ennemi, il n'est nullement besoin de la haine de l'étranger, ni de la mentalité inférieure des soldats de profession, « du légionnaire romain, du seigneur féodal, du soudard des guerres de religion ou du grognard de la grande armée. »

Ce patriotisme humain, fait de liberté et de fraternité, vivifié par le sentiment de la justice et la nette perception de la solidarité des peuples, n'implique ni l'exaltation de l'orgueil national, ni le dédain des autres patries, ni la consécration de la loi de la guerre, ni l'abdication de notre individualité morale ; et il se concilie très bien avec l'éducation nettement pacifique que nous devons donner aux jeunes générations.

C'est cette affection grave, virile, fortifiée par la réflexion, épurée par le raisonnement qu'il faut substituer résolument à un patriotisme impulsif et aveugle, à un chauvinisme fait de haine et de dénigrement, qui exalte follement nos forces et provoque un injuste mépris des autres peuples. Ce patriotisme éclairé n'est pas en opposition fondamentale, irréductible, avec l'amour de l'humanité ; c'est l'amour même de l'humanité sous une forme concrète ; c'est la première condition pour que l'enfant respecte l'amour de l'étranger pour sa patrie ; pour qu'il s'imprègne de sentiments pacifiques, de justice, de tolérance, d'humanité, sans porter atteinte au culte filial qu'il doit à son propre pays.

IV

Qu'on ne nous accuse pas de nous repaître d'illusions trompeuses. C'est un idéal magnifique, un beau rêve sans doute, et dont nous pouvons tous nous bercer, que celui d'une paix universelle, d'une entente fraternelle entre tous les peuples ; mais aujourd'hui, nous le savons, ce n'est qu'un rêve, un espoir, un souhait, et peut-être, hélas ! une utopie. Nous sommes bien loin de ces temps idylliques ! Que de siècles s'écouleront encore avant que les hommes soient assez justes, assez bons, pour supprimer à jamais la guerre, avant qu'apparaisse, à l'horizon l'aurore du beau jour qui verra ce fléau disparaître de la terre et « le dernier tronçon de la dernière épée », servir de soc dans les sillons ouverts ; avant que toutes les patries soient pacifiques « amies des autres patries, petites familles dans la grande famille du genre humain !

Certes la guerre s'éloigne de nos mœurs ; elle baisse dans l'estime publique, et la réprobation générale s'attache manifestement à celui qui abuse du droit du plus fort. Personne ne se vante plus de l'avoir déclarée, et chacun des adversaires en impute à l'autre la responsabilité. Mille efforts généreux pour la

« raréfier » s'accomplissent sous nos yeux :
Conventions de Genève et de la Haye ; garanties du droit des neutres ; traités d'arbitrage, ententes internationales. D'un autre
côté nous devenons plus humains ; nos institutions et nos mœurs nous inclinent à plus
de sollicitude attendrie pour les victimes de
la guerre ; les œuvres de la Croix-Rouge, ce
symbole de concorde universelle, cette belle
institution moderne qui vise « la moindre
souffrance et la guérison rapide, se multiplient rapidement, le droit des gens est mieux
observé, et le sentiment de la fraternité humaine semble dominer, chez les belligérants
eux-mêmes, celui de leurs inimitiés passagères.

Nous sentons la nécessité de substituer
une justice internationale aux hasards bru-
taux de la guerre, la violence appelant la violence, et la guerre, la guerre. Nous demandons des tribunaux et des lois pour juger les
conflits entre les nations comme il en existe
pour juger les démêlés des particuliers, pour
régler les ambitions nationales ; pour remplacer les décisions de la force par les sen-
tences équitables d'une cour suprême. L'arbitrage nous apparaît, non « comme un remède nouveau, comme une panacée lancée
avec fracas dans la thérapeutique internationale, mais comme un vieux et honnête moyen,

dont on avait médit et qu'il y a des raisons pour reprendre. » Sans espérer abolir immédiatement la guerre, nous voulons la diminuer, l'abréger, l'humaniser. Nous nous refusons à la considérer comme un mal inévitable, produit par la surpopulation, l'amour instinctif des combats meurtriers, l'ambition de la gloire militaire, les haines de race, et nous nions de toutes nos forces qu'elle soit, par excellence, l'école des grandes responsabilités, des viriles résolutions et des suprêmes sacrifices. La paix universelle n'est plus une utopie ridicule, digne tout au plus d'un illuminé comme l'abbé de St-Pierre, et nous comptons pour l'établir un peu sur l'économie politique et beaucoup sur la diffusion des idées supérieures, des vertus véritablement pacificatrices : la bonté, la générosité, le sentiment de la justice et la conviction qu'elle n'est ni sans obligation ni sanction.

Ces symptômes de pacification générale s'affirmeront encore lorsque les peuples, chassant leurs despotes, deviendront les arbitres tout puissants de leurs destinées. Le jour ne paraît plus impossible où les Etats d'Europe formeront une vaste fédération de peuples comme les Etats-Unis d'Amérique, « chacun conservant son individualité morale, pour travailler, selon son génie particulier, au progrès de l'humanité. » Pourquoi l'évolution générale des peuples ne serait-elle pas celle de chacun d'eux en particulier, la nôtre par exemple? A l'origine nos différentes peuplades se combattent et se déchirent. Puis, groupées en provinces disparates, séparées par la rivalité de leurs seigneurs, par des douanes intérieures, par des souvenirs haineux, elles vivent côte à côte sans beaucoup de sentiments communs. Plus tard encore, le premier lien solide entr'elles fut le même maître: le roi. « Nos pères devinrent tous des Français, dit Ernest Lavisse, parce qu'ils étaient tous sujets du roi de France, et la première communauté nationale fut la commune obéissance — « Aux actions du roi, tout un peuple s'intéressa. Ensemble nos pères contribuèrent aux entreprises de guerre par leur argent et par leur sang. Une victoire du Roi, réjouissait tout le royaume. L'habitude se prit de ressentir les mêmes émotions aux mêmes moments. Il y eut en France une sensibilité nationale. Plus tard encore, après le divorce de la France et de la Royauté, la Révolution morcela les provinces sans pouvoir détruire leur individualité propre. Le Breton reste Breton, le Normand, Normand, le Provençal, Provençal, et tous deviennent les citoyens de la France. Qu'on s'élève d'un degré encore : les peuples s'unissent sans exiger le sacrifice de leur personnalité et chacun peut aimer l'Homme, en lui préférant son compatriote, comme nous aimons le Fançais, en lui préférant notre frère. « Famille, Patrie, Humanité, a-t-on dit, trois choses superposées pour l'affection mais égales devant la justice. » — « Et le progrès de la fraternité humaine se fera peut-être plus sûrement par l'union et la collaboration de ces grandes unités morales, qu'on appelle des patries, que par leur destruction au profit d'un grand tout homogène, d'une société unique. Saluons donc, comme l'idéal futur, cette fédération internationale des peuples qui fera régner la paix universelle ; ces temps heureux où sur une terre régénérée aux souffles de justice et de fraternité, les peuples en litige, remisant leurs fusils et leurs canons, leurs torpilleurs et leurs cuirassés, viendront, malgré eux, s'il le faut, réclamer la sentence d'un tribunal d'arbitrage, international et obligatoire.

Mais, en préparant cet admirable demain, il faut vivre aujourd'hui où les conditions d'existence sont encore bien périlleuses. Que de guerres cruelles, guerres de conquêtes et d'extermination ont affligé l'humanité dans ces derniers temps ! Que de milliards engloutis pour des armements et d'émulation fiévreuse dans l'art de l'extermination ! Que de grands destructeurs célébrés comme des bienfaiteurs de la patrie et de peuples, formidablement armés, prêts à s'entredéchirer ! Que de haine pour l'étranger prêchée à l'école, d'espionnage considéré comme un service d'Etat, de nations nouvelles qui s'agitent, de vieilles races qui se réveillent, et d'impérialisme qui, sous différents noms, enfièvre les foules et risque, à chaque instant, d'incendier la vieille Europe, le Nouveau-Monde, l'Extrême-Orient et les plus lointains continents.

Quels furent, dans ces derniers temps, les résultats de tant de déclamations contre la guerre, de tant d'appels éloquents à la fraternité des peuples ? Les armements augmentent, l'usage des engins les plus meurtriers reste autorisé ; la Russie a violé les droits de la Finlande et l'Amérique ceux des Philippines ; l'Allemagne a fait échouer l'arbitrage obligatoire à la conférence de la Haye ; l'Angleterre a pu, à la face du monde civilisé impuissant dans ses rivalités, au mépris du droit et de l'humanité, immoler deux héroïques petites républiques africaines ; et le tsar lui-même, le promoteur de la conférence pour la paix s'est trouvé, tout récemment engagé avec le Japon dans l'une des guerres les plus exterminatrices que l'on connaisse.

Qui sait si nous ne devrons pas un jour repousser par la force un peuple brutal et conquérant ; si la guerre, horrible toujours

mais nécessaire parfois, ne sera pas le prix
redoutable dont nous paierons notre idéal
généreux et l'héritage de la civilisation que
nous devons transmettre intact à nos fils ; si,
pour vivre, pour vivre sans mutilation, honorés et indépendants, nous n'aurons pas besoin d'une armée forte, prête au premier signal, animée du plus pur patriotisme? Que de
conflits, si péniblement écartés, surgissent à
l'improviste ! Fachoda hier, le Maroc aujour-
d'hui et peut-être une colonie demain. Et c'est
à ce moment que de généreux impatients
viennent nous dire: Déposez vos armes ! ou-
bliez vos haines, et marchez à l'avenir, au
progrès par la fraternité universelle. On nous
le disait déjà à la fin du second Empire, et,
en 1870, pas un peuple ne nous tendit la main ;
tous assistèrent à notre écrasement, indifférents ou ravis. Et nous ne pourrions même
pas compter sur la neutralité des partis socialistes étrangers « Si jamais on attaquait
l'Allemagne, a dit Bebel au Reichstag, si
l'existence de l'Allemagne était en jeu, alors,
je vous en donne ma parole, tous, du plus
jeune au plus vieux, nous serions prêts à
mettre le fusil sur l'épaule et à marcher à l'ennemi ». Et les mêmes sentiments furent ex-
primés au Parlement par les socialistes ita-
liens.

Pas de générosité imprudente et inutile. Ne

nous laissons plus tromper par la puissance des mots et des chimères ; ne nous endormons plus dans le rêve de ces idées pacifistes prématurées, qui nous ont coûté si cher, qui imposent à l'Europe une « paix armée » désastreuse. Tant que la force primant impunément le droit sera considérée comme légitime ; tant qu'une entente générale ne contiendra pas les peuples belliqueux ; tant qu'un tribunal d'arbitrage, international et obligatoire, n'assurera pas la solution des conflits par des décisions sans appel, que les nations intéressées au maintien de la paix feront exécuter, il faudra regarder la guerre comme une éventualité toujours possible, et s'y préparer, à regret, en la maudissant, mais sans défaillance. Jusque-là ne brisons pas un fusil, ne fondons pas un canon, ne démolissons pas une forteresse, si les autres pays ne le font en même temps que nous et pro_portionnellement à leurs effectifs. Nous n'avons pas le droit, sur un continent tout hérissé d'armes, de procéder à un désarmement « unilatéral »; et nous n'assumerons jamais une aussi terrible responsabilité. Nous nous rappelons la forte parole de Kant. « Le jour viendra où se réaliseront sûrement les Etats-Unis d'Europe ; mais, en attendant, il faut que nous restions appuyés sur la garde de notre épée pour ne pas disparaître avant ce grand jour. » Et, jusqu'à ce grand jour l'éducation d'un patriotisme éclairé sera un devoir primordial, une nécessité inéluctable, et peut-être une question de salut national.

V

Ce patriotisme, l'instituteur l'inspire à ses élèves avec toute sa conscience et tout son cœur. Jamais il n'a songé à bannir de l'école l'éducation patriotique et de l'âme de l'enfant l'amour de la patrie française ; jamais il n'a professé l'indifférence pour la France ni le mépris du sol natal et des gloires nationales ; et, s'il se déclare parfois internationaliste, « c'est d'espérance et d'avenir en restant un excellent français d'actualité. »

S'il suffisait pour être un « sans-patrie » d'aimer une paix honorable, de maudire la guerre offensive, de flétrir les conquêtes iniques, de ramener la gloire militaire à sa véritable valeur, de prêcher la justice et l'amour pour l'étranger, de considérer l'homme d'au-delà de la frontière comme un frère et non comme un ennemi, oui l'instituteur français serait un sans-patrie, et il pourrait se glorifier de cette épithète injurieuse. Mais il se tient sagement à égale distance d'un nationalisme chauvin, ignorant, impulsif et d'un antipatriotisme impie. Il aime ardemment son pays ; il veut le faire aimer sans toutefois détester les autres patries, sans songer à porter chez elles la rapine, l'incendie et la mort, sans trahir la vérité qui nous accuse, sans dénaturer l'histoire pour nous grandir. Il se rappelle le mot de Montesquieu : « On doit mourir pour sa patrie ; on n'a pas le droit de mentir pour elle. » Il ne confond pas le patriotisme avec ses plus fâcheuses déviations : le parti pris de rabaisser les autres peuples, la raillerie de leurs travers, l'appétit de conquête et l'orgueil national exalté ; il sait, et il le dit, que l'amour de la patrie n'est pas la haine de la patrie des autres.

Que certains, d'âme plus généreuse que de ferme bon sens, se soient laissé séduire par de niaises chimères cosmopolites, par des phrases de mauvaise rhétorique, qui pose l'idée de patrie comme un obstacle au progrès humain, à l'accord des nations, à la paix universelle ; c'est possible ; que d'autres, emportés par leur tempérament, aient réagi sans mesure contre le nationalisme et dépassé le but, c'est possible encore. Mais je déclare très nettement n'en avoir jamais connu ; et, dans tous les cas, j'affirme bien haut qu'ils forment une infime minorité, une poignée à peine, plus verbeuse que sincère, plus bruyante que dangereuse.

La crise du patriotisme à l'école n'est qu'un

mot, un spectre imaginaire qui effraie à tort les uns, et que d'autres exploitent comme une machine de guerre contre l'enseignement laïque et les institutions républicaines. Justement émus de ces calomnies, les instituteurs réunis à Lille, pour le Congrès des amicales, ont voté à l'unanimité l'ordre du jour suivant: « Les instituteurs français sont énergiquement attachés à la paix; ils ont pour devise : Guerre à la guerre ! mais ils n'en seraient que plus résolus pour la défense de leur pays le jour où il serait l'objet d'une agression brutale. » Par cette déclaration, ils ont répudié toute faiblesse pour le chauvinisme, toute compromission avec l'antipatriotisme, et déclaré garder intacts l'amour profond de la patrie et le magnifique idéal de la paix humaine.

Il y a mieux peut-être : les applaudissements enthousiastes qui ont accueilli l'admirable discours de M. Gasquet, discours que toute la presse politique et pédagogique a reproduit, témoignent que l'accord était parfait, sur cette question de patriotisme, entre les opinions des congressistes et celles de l'éminent Directeur de l'Enseignement Primaire, représentant du Ministre de l'Instruction publique et du gouvernement tout entier.

VI

Vertu accessible à toutes les intelligences et à toutes les volontés, le patriotisme sommeille, inutilisé, à demi insconscient, au cœur des humbles qui ne s'analysent guère. Il s'avive, il éclate en une violente, mais passagère impulsion, lorsque l'intégrité du pays est menacée ou son honneur outragé. Notre rôle, c'est de le dégager des liens qui l'entravent, de l'épurer par une culture méthodique, d'en faire un sentiment permanent, réfléchi, toujours actif.

Il faut que l'enfant haïsse la guerre. Elle a eu ses apologistes, et elle en a encore. Les grands conquérants l'ont glorifiée dans leurs écrits pour perpétuer le souvenir de leurs carnages. Joseph de Maistre prétend qu'elle est d'institution divine ; je passe. Darwin et Spencer en font la grande éducatrice du genre humain, oubliant qu'elle produit, pour un héros, une foule de pillards et de lâches. Proud'hon écrit deux volumes incohérents pour la célébrer, et il termine en disant que l'humanité marche vers la paix ; alors quoi ? De Moltke affirme que les nations pacifiques tombent dans un grossier matérialisme et que la guerre purifie ; Guy de Maupassant a répondu, dans une page célèbre, à cette féroce assertion. L'envoyé de Guillaume II à La Haye, de Stangel, a prétendu démontrer les bienfaits de la guerre, qu'il considère comme une nécessité éternelle et bienfaisante, dans le tribunal d'arbitrage international.

Mais combien plus nombreux et plus éloquents sont ses adversaires. Sans remonter plus haut, c'est Pascal avec son incomparable ironie : « Mon ami, dit-il, ne demeurez-vous pas de l'autre côté de l'eau ? alors je vous tue, et cela est juste ». C'est La Bruyère, Bossuet, Fénelon qui flétrissent les carnages humains ; c'est Voltaire, écrivant, à propos de l'anthropophagie : « Après tout, tuer un homme et le manger, c'est plus intelligent que tuer un homme et le laisser pourrir sans profit. C'est Béranger qui chante la Sainte-Alliance des peuples ; et, dominant le fracas des canons, la grande voix de Lamartine préchant la fraternité des nations. C'est Victor Hugo disant déjà en 1850 : « L'humanité commence à réfléchir, elle se ravise et la voilà qui perd l'admiration d'être canonnée. » C'est toute une pléïade de contemporains, poètes et prosateurs, philosophes et économistes, orateurs et hommes d'Etat, qui l'ont flétrie dans des pages imprégnées de tendresse humaine ou vibrantes d'indignation vengeresse.

Disons à l'enfant : « Tu te fais du patriotisme une idée étroite et fausse. Tu es faible,

et. par cela même, tu admires d'instinct les
conquérants et les tueurs d'hommes, de bien
tristes héros. Tu es faible, et tu regardes
comme patriote celui-là seul qui se bat pour
son pays. Détrompe-toi: obéis aux lois ; **paie**
tes impôts sans murmurer ; vote en **toute**
conscience ; remplis scrupuleusement tes **de-**
voirs de citoyen ; tu seras patriote. Enrichis
ton pays par l'agriculture, le commerce et
l'industrie ; grandis-le par les progrès de **la**
science ; honore-le par un chef-d'œuvre : **tu**
seras patriote. Combats sans relâche le pri_
vilège et l'oppression, protège les **libertés**
publiques, réprime toute atteinte à la souveraineté nationale ; travaille à réaliser l'égalité
absolue des droits par une organisation juste
et honnête : tu seras patriote. Vise pour **ton**
pays à une dignité plus haute et à une liberté
plus complète ; efforce-toi de le rendre **plus**
généreux, plus équitable, plus conscient **de**
la solidarité qui le lie aux autres nations : **tu**
seras patriote. Fais-en l'idéal des nations par
le génie bienfaisant des lettres et des **arts,**
par ses aspirations pacifiques, par son esprit de justice universelle, par ses **sentiments**
de fraternité humaine : tu seras patriote. **Et**
ton patriotisme ne sera sincère et **désinté-**
ressé que s'il est capable de te faire aimer **le**
bien fait à ton pays par ton plus mortel ennemi.

Garde-toi de confondre l'amour de ton pays avec la haine de l'étranger, et de te croire patriote dans la mesure où tu détestes les autres peuples. Pendant la paix abstiens-toi, à leur égard, de tout dédain et de toute arrogance ; rends hommage à leurs qualités, admire leurs grands hommes et proclame bien haut le rôle qu'ils ont joué dans l'histoire de la civilisation. Pendant la guerre (il faut toujours prévoir une guerre défensive qui est une chose sainte) pendant la guerre, marche sans hésiter, accepte vaillamment ta part de responsabilité et de danger, fais virilement ton devoir sans qu'il y ait rien de cruel dans ta bravoure. Sois soldat sans haine et considère toujours ton ennemi d'un jour, qui peut différer de toi par sa race, sa langue, sa religion, ses mœurs, sa couleur, comme ton semblable par ses besoins, ses aspirations et ses sentiments.

Déteste la guerre et pour cela songe aux effroyables boucheries du passé, aux monstrueuses hécatombes de Mandchourie. Que de morts déchiquetés, pourrissent sans sépulture et infectent l'atmosphère ! Que de blessés, atrocement mutilés, enfouis parfois pêle-mêle avec les morts, qui se trainent dans le sang sur le cadavre de leurs frères d'armes, parmi le vol tournoyant des corbeaux et des vautours, ou qui hurlent leur douleur, sans secours, sans médicaments, sans médecins, dans des hôpitaux encombrés ! Que de pays dévastés et incendiés, de travail suspendu, d'industrie tarie, de commerce interrompu, de ruines, de famines et de larmes !

Et toujours, dans notre accent, il sentira une plainte douloureuse pour les victimes et une malédiction pour les auteurs responsables de la guerre. Toujours il sentira combien nous détestons ce gaspillage imbécile de vies, d'affections et de pensées ; et il prisera beaucoup moins, en nous voyant la priser si peu, cette gloire militaire qui l'éblouit encore, lui, mais qui ne nous éblouit plus, nous, depuis que trente-cinq années de paix, en République, ont augmenté dans le monde, au lieu de les diminuer, notre force, notre place, notre prestige et notre dignité. Nous lui inspirerons la haine et le mépris des hommes, des livres, des journaux qui célèbrent la guerre, qui y poussent en excitant les instincts les plus violents et surtout de ceux qui, la proclamant un mal occasionnel, la maudissent tout haut, en la conseillant tout bas.

Mais nous ne ferons pas « de la paix une idole et du pacifisme un culte. » Nous ne dirons pas que la guerre est le plus terrible des fléaux : n'est-elle pas préférable à une paix honteuse et lâche, au déshonneur, à la mutilation, à la servitude. Nous répéterons, au contraire, que la défense de la patrie, injustement attaquée est le plus sain des devoirs et que nous nous devons jusqu'au dernier souffle à l'indépendance nationale. Nous n'énerverons pas les courages, nous ne désarmerons pas la France moralement avant que sonne, pour tous les peuples, l'heure du désarmement matériel.

Par l'histoire, nous ajouterons, aux impressions premières de l'enfant, des raisons nouvelles d'aimer son pays. Nous montrerons quel fut son rôle primordial dans l'histoire de la civilisation ; quels savants maîtrisèrent les forces de la nature, adoucissant les souffrances de l'humanité et multipliant son bien-être ; quels artistes l'enchantèrent d'impérissables chefs-d'œuvre ; quelles idées de justice, d'indépendance, de fraternité jetèrent dans le monde ses philosophes ; quel secours elle prêta aux peuples asservis incapables de triompher seuls de leurs puissants oppresseurs, à l'Amérique, à la Belgique, à la Grèce, au Piémont, et, à une époque unique dans les annales de l'histoire, à l'Europe entière contre ses despotes.

Toutefois. pour ne pas exalter le sentiment national, pour ne pas provoquer un chauvinisme inconsidéré, nous opposerons toujours la guerre défensive à la guerre offensive, les guerres d'Italie à Valmy, le siège de Sara-

gosse à Belfort. Nous distinguerons entre l'austérité d'un Hoche et d'un Desaix et la **versatilité** d'un Ney ou d'un Murat ; l'abaissement d'un Sénat servile qui accable le vaincu après avoir adulé le vainqueur et la générosité d'un Carnot qui reparaît dans la défaite pour servir la patrie et non l'empereur. Nous marquerons loyalement ce que la nation a fait de bien et ce qu'elle a fait de mal ; l'enfant verra ainsi que nous n'avons pas le privilège exclusif du courage, de l'honneur, du génie et de l'héroïsme, qu'il y eut des grands hommes au-delà de la frontière et des gredins chez nous, et que nous plaçons toujours au premier rang des héros ceux qui ont servi l'humanité dans la paix.

Nous ne tairons pas les batailles (elles sont une partie de la vérité historique); mais nous ne les décrirons pas ; nous n'atténuerons pas l'horreur des carnages en les mettant sans cesse sous les yeux de nos élèves ; nous ne leur inspirerons pas le mépris de la vie humaine et une sauvage admiration pour la force brutale ; et nous éviterons ainsi de réveiller « ce qui reste à quatre pattes chez le quadrupède redressé, comme dit Herscher, c'est-à-dire cette férocité primitive que la civilisation adoucit au cours des siècles, sans la détruire. »

Nous dissiperons cette ignorance qui nous

représente l'étranger comme un barbare avide de carnage, acharné à nous nuire, l'Anglais et l'Allemand comme des ennemis naturels, séculaires, toujours dressés contre nous. Nous montrerons que l'amour même de notre patrie nous commande d'aimer les autres patries dont nous avons besoin, comme elles ont besoin de nous L'entrecroisement des échanges internationaux est si complexe, la solidarité qui lie les peuples est si étroite qu'une grève à Pittsbourg influe sur le salaire d'un mineur de Saint-Etienne, qu'une guerre au Transwaal fait chòmer les tailleurs de pierres fines de Saint-Claude, et que pas une nation ne peut atteindre, dans l'isolement, à la grandeur matérielle, intellectuelle et morale. Nous diminuerons ainsi au fond trouble des âmes, ces ferments de brutalité et de haine qui poussent à la guerre, qui, entretenus naguère par des conflits armés toujours renaissants, s'atténuent maintenant dans l'atmosphère de fraternité qui nous enveloppe graduellement.

Et nous résumerons notre enseignement et nos conseils en disant à l'enfant : Désire la paix de toutes tes forces, passionnément, c'est l'aspiration unanime, l'idéal commun de ce siècle, et la France « la promet au monde dans la haute sincérité de son âme démocratique, amie de justice et de science. » Mais si tu aimes l'humanité, aime la d'abord là où elle te touche directement, où elle parle à ton cœur et à tes sens, dans ta patrie. Aime-la d'un amour profond, immuable, sans ardeur belliqueuse, en gardant en toi ces vertus viriles, cette flamme du sacrifice qui seules rendraient la guerre possible si elle nous était iniquement imposée.

CHAPITRE XII

SOLIDARITÉ ET ASSOCIATION

SOMMAIRE. — I. Solidarité, fraternité et charité. — II. La solidarité sous la forme de l'association. — III. Conditions pour qu'une association vive et prospère. — IV. La caisse d'épargne. — V. La société de secours mutuels et la caisse des retraites pour la vieillesse fondues dans la mutualité scolaire. — V. L'amicale. — VI. Education de l'esprit d'association à l'école.

I

Si le mot « solidarité » se trouve aujourd'hui dans toutes les bouches et dans tous les écrits, la chose n'est pas une création moderne, et la vieille fable de Ménénius Agrippa, sur la révolte des membres contre l'estomac, se retrouve à l'origine de toutes les littératures. Lorsque les premiers sauvages se rapprochaient pour se défendre des bêtes fauves, ils avaient déjà un vague instinct de leur mutuelle dépendance et une conscience assez précise de la nécessité de leur union. Les gentes, les hordes, les tribus, les peuplades et les clans des civilisations primitives; les castes des sociétés antiques ; les classes des temps modernes, voilà autant de groupements solidaires, aux obligations réciproques, mais peu nombreuses, les uns se trouvant « comblés de tous les droits et les autres accablés de tous les devoirs. »

La fusion des classes hostiles en un seul peuple et la proclamation solennelle de l'égalité de tous les hommes ont donné à la solidarité dans notre pays, un essor irrésistible et une extension toujours grandissante. Déjà elle refoule vigoureusement l'individualisme, entame l'égoïsme individuel ou collectif, et pénètre jusqu'aux plus intimes profondeurs de la conscience humaine, comme un devoir impérieux et une radieuse espérance.

Elle n'est ni la fraternité ni la charité. Si la fraternité est un généreux élan du cœur, une impulsion spontanée vers nos semblables, une irrésistible excitation au sacrifice et, à tout prendre, un sentiment très noble et très beau, c'est un sentiment éphémère dans sa durée, aveugle dans ses préférences, peu pratique dans ses manifestations : c'est une sympathie instinctive, un amour involontaire que la raison ne règle pas toujours. La solidarité nous apparaît, au contraire, avec une précision toute scientifique, avec un caractère rigoureusement impératif, des obligations strictes, une fécondité merveilleuse et longtemps insoupçonnée.

D'un autre côté, si la charité est une belle vertu, toute désintéressée, toute gratuite, comme penchée sans arrière-pensée d'égoisme vers celui qui souffre d'un dénuement matériel ou moral, c'est un devoir puiement « large », qui ne comporte ni lois, ni règles, ni formules. Abandonnée au bon vouloir de chacun, elle est irrégulière et insuffisante. Etendez-la à l'infini, et surtout pratiquez-la sous forme d'aumône individuelle, vous risquez de détruire le sentiment de la prévoyance chez l'assisté, de pousser à la paresse, de multiplier les professionnels de la mendicité et de perpétuer la misère en voulant y remédier. Ingénieuse à varier ses œuvres et les formes diverses du dévouement, elle s'efforce trop souvent de pallier le mal sans chercher des remèdes propres à le guérir, de supprimer ses effets sans combattre les causes qui les reproduisent sans cesse. Parfois aussi, elle humilie par la manière dont elle s'exerce, par la dépendance qu'elle crée, et, sans rabaisser nécessairement celui qui la sollicite, elle ne laisse pas d'être triste et pénible. S'il est juste d'honorer celui qui donne, il faut plaindre celui qui reçoit, et blâmer énergiquement ceux qui recourent à la charité en pouvant se dispenser de le faire.

La solidarité, elle, ne reconnaît ni condescendance, ni dons, ni actes de pitié ; elle transforme l'aumône en une obligation réciproque d'aide mutuelle, préservant ainsi le bienfaiteur de l'orgueil et l'obligé de la honte. Le secours mutuel nous apparait comme une dette morale que nous contractons tous et que, tous, nous acquittons spontanément; comme la notion fondamentale d'une société démocratique qui implique à sa base l'adhésion volontaire des associés et leur égalité absolue devant le droit et le devoir.

II

La forme la plus pratique et la plus parfaite de la solidarité, c'est l'association, qui présente aujourd'hui des témoignages incontestables d'une merveilleuse vitalité, qui répond si bien à notre soif de prévoyance et de sécurité, et dont le succès a été foudroyant, tant elle était réclamée par les aspirations instinctives de la conscience universelle.

Son but, c'est d'accroitre le bien-être, de garantir contre le chômage, les accidents, les infirmités, la maladie et la vieillesse, et de faire, d'une masse inconsistante et amorphe, une force avec laquelle tous doivent compter ; c'est de hâter l'ascension des classes populaires par leur développement intellectuel et moral, et de réaliser progressivement, selon le mot de Platon, avec la faiblesse de chacun, la puissance de tous. Pour y atteindre, elle fait appel à un sentiment très énergique, très fécond, celui de la responsabilité ; sentiment qui stimule et encourage l'activité du travailleur, qui produit une saine émulation au sein de ces ruches laborieuses où les résultats obtenus contrastent étrangement avec la faiblesse individuelle des associés. Là, chacun est intéressé à ce que tous fassent leur devoir, et une surveillance réciproque, active et sévère s'exerce naturellement. Là, l'ignorant s'instruit par la leçon et l'exemple, le paresseux secoue son indolence sous le mépris qui l'accable, le mauvais s'améliore, le bon devient meilleur, et la moralité s'accroît. « Oui, dit Legouvé, dès que le principe d'association entre dans une classe, cette classe se relève et s'élève. Le principe qui régit les associations est essentiellement moralisateur. Tous les membres étant solidaires, chacun vit sous le regard de tous, et cette salutaire responsabilité crée forcément, à côté du fonds social, un capital de vertu. » Et l'association, en s'efforçant ainsi de détruire la misère, travaille en même temps à supprimer ses causes les plus évidentes.

Si l'association est l'effet d'un penchant invincible de notre espèce ; si elle est une manifestation supérieure de notre instinct de sociabilité, elle est devenue de nos jours une nécessité impérieuse. Dans nos sociétés qui s'organisent, l'isolement, c'est la mort. Vivre seul, c'est se condamner à la faiblesse, à l'impuissance, à l'incertitude, à la souffrance et au désespoir ; car « entre ces puissantes corporations, dont le cercle de fer s'élargit tous les jours, les frêles individus seront impitoyablement broyés et pulvérisés. » Vivre uni à ses semblables, au contraire, c'est s'assurer la force, le bien-être, la sécurité, la dignité et la moralité.

Aussi, grâce à l'homogénéité des masses urbaines, à la similitude de leur travail et de leurs intérêts, à une instruction plus étendue, à une éducation politique et professionnelle plus avancée, de puissantes corporations se sont fondées dans les villes où elles prospèrent rapidement. Mais le paysan vit seul, victime des commerçants en gros, des intermédiaires, de la routine et de son isolement même. Sa demeure perdue dans les champs, ses occupations particulières, la concurrence directe de son voisin, tout retarde en lui cette communauté d'aspirations et de sentiments sans laquelle la solidarité n'est qu'un vain mot ; tout perpétue et aggrave cet individualisme séculaire dont il ne sort que très lentement par ses syndicats, ses compagnies locales d'assurances, ses comices, et la création de quelques modestes coopératives.

C'est donc aux enfants pauvres surtout, aux petits paysans, aux déshérités de l'intelligence, qu'il faut donner une claire conscience de la communauté de leurs intérêts, pour leur permettre de choisir entre les deux termes de ce dilemne : la coopération ou la misère. Si nous ne les tirons pas de cet isolement funeste ; si nous ne réunissons pas, en un faisceau commun, toutes les masses laborieuses, urbaines et rurales, en brisant les préjugés de classe, de confession religieuse, et de dogme politique, qui les séparent, ils ne formeront plus tard qu'une foule sans cohésion interne, sans esprit de corps, à peine capable d'une agitation aveugle et mécanique, et d'autant plus misérable, qu'elle se sera laissé devancer par les ouvriers intelligents. Hâtons donc leur maturité pour les préparer à la destinée qui les attend, pour les affranchir de l'ignorance et de l'isolement, pour résoudre en partie le redoutable problème de l'extinction du paupérisme. Le pauvre paysan, végétant sur sa terre, ne connaît guère que le triste présent ; mais l'ouvrier associé « a gravi déjà une haute colline ; il peut, contempler l'horizon et lire dans l'avenir. »

Certes, l'association est un secret merveilleux qui nous appelle au bien-être, à la lumière, à l'égalité ; et l'on sent très nettement qu'elle devient le véritable « mot d'ordre de l'humanité » dans sa marche vers le progrès. Mais, qu'on ne s'y trompe pas ; c'est la plus délicate des institutions qui s'épanouissent aujourd'hui ; et, en présence d'échecs retentissants, il convient de reconnaître qu'elle a ses difficultés et ses périls. Nous avons vu périr, dans ces derniers temps, des sociétés qui paraissaient destinées à un brillant avenir, non point pour la raison fondamentale et décisive qu'elles ne pouvaient pas vivre, mais sous l'empire de circonstances accidentelles. Dénués d'esprit pratique, jaloux les uns des autres, très autoritaires, les associés se sont disputés âprement les plus hautes fonctions et les meilleurs emplois ; ou bien, incapables et insouciants, ils ont suivi en aveugles, des hâbleurs qui les exploitèrent à leur profit.

Ces essais malheureux comportent un double enseignement. 1° Il importe de rejeter toutes les utopies et de répudier hautement les tentatives chimériques, dont le peuple fait toujours les frais. 2° Il est urgent d'apprendre l'art de s'associer ; car tout homme apporte aux associations qu'il fonde ou dont il fait partie, des idées, des tendances, des habitudes qu'il fait prévaloir s'il est intelli-

gent et énergique, s'il a du talent et de l'autorité. Et nos mœurs sont si capricieuses et si
ondoyantes, nous subissons si facilement les
influences étrangères et la domination d'une
personnalité dirigeante ; nous exerçons les
uns sur les autres, une fois réunis, une contagion si violente que certaines sociétés ont un
esprit général complètement opposé à celui
des individus qui la composent, pris isolé-
ment. On a vu des collectivités avares, avec
des membres désintéressés, et des collectivités ambitieuses avec des membres sans ambition personnelle. Une pareille transformation mérite toute notre attention. Dans le bien
c'est une ressource immense ; dans le mal,
c'est une déviation morale capable de jeter
nos sociétés les plus prospères dans une lamentable décadence.

III

Quelles sont donc les conditions nécessaires
pour qu'une association vive et prospère ?
Question importante, car l'esprit d'association est peu développé chez nous, et c'est à
peine si les hommes d'Etat reviennent de la
défiance qu'ils lui témoignent depuis si longtemps.

1° Il faut d'abord que l'association soit

volontaire, et que les relations mutuelles de ses membres soient fixées de leur libre consentement. Jamais un travailleur forcé par l'Etat d'entrer dans une corporation ne sera un associé modèle, c'est-à-dire ponctuel dans le versement de ses cotisations, consciencieux à remplir sa tâche, ardent dans sa propagande, respectueux des administrateurs, observateur fidèle de la discipline commune, dévoué aux intérêts généraux dont il ne sépare pas les siens, affectueux pour ses collaborateurs, plein de confiance dans l'avenir; car il subit, en y entrant, une contrainte extérieure qui violente sa liberté individuelle et entame sa dignité. Combien l'association sera plus féconde et plus forte, si les associés y adhèrent spontanément; s'il y a chez tous communauté d'aspirations et d'intérêts; si la même foi les anime et les soutient; en un mot si les cœurs battent à l'unisson dans un effort commun; si chacun s'intéresse à sa destinée et l'entrevoit de temps en temps; si on laisse à son libre choix les voies à suivre pour l'atteindre, sans l'assujettir, malgré lui, à des règlementations humiliantes. On l'a compris; et l'un des traits les plus remarquables de notre époque est le développement de l'association libre et méthodiquement organisée.

Quelques impatients rêvent la suppression immédiate de la misère, par une intervention incessante de l'État, au risque de multiplier les œuvres d'assistance et de comprimer les libres initiatives. Quelques imprévoyants lui réclament, pour la maladie, le chômage et la vieillesse, une sécurité qu'ils n'ont ni la volonté, ni le courage de gagner par le travail et l'épargne. Ne les imitons pas. Sans doute, il est de grandes entreprises d'utilité publique que l'initiative privée ne peut tenter, et qui incombent nécessairement à l'État ; mais il doit guider cette initiative au lieu de l'entraver et de la supplanter, et travailler le plus possible à se rendre inutile.

2° Il est indispensable que tous jouissent des mêmes prérogatives. Si l'association n'est pas un groupement de droits qui restent entiers ; si elle exige l'abdication de la masse au profit d'une soi-disant élite, elle périra infailliblement, car elle n'a pas de plus actif dissolvant que l'ambition des uns et l'insouciance des autres ; que les inimitiés, les méfiances, les jalousies, les vanités froissées et les intérêts particuliers méconnus qui résultent inévitablement de l'inégalité. Or l'association manifeste parfois une tendance à opprimer l'individu. Ce fut le vice des associations du moyen-âge, des corporations des temps modernes, et on le retrouverait sans peine dans certaines de nos sociétés actuelles.

Disons bien à l'enfant : Si tu entres dans une association, garde ton droit strict, ta liberté individuelle entière, ton esprit d'initiative intact, en un mot l'autonomie de ta personne. Sinon, tu renieras ta dignité d'homme, tu t'exposeras à une tyrannie nouvelle d'autant plus dangereuse que tes oppresseurs agiront sous le couvert du bien public et avec les apparences du dévouement à la masse qu'ils oppriment. Fuis résolument toute société, quels que soient d'ailleurs ses bienfaits matériels, si elle exige le sacrifice de ta volonté ; si tu ne peux en sortir sans violer des serments terribles, sans devenir l'objet d'une surveillance haineuse de tes anciens collaborateurs, sans t'exposer à d'impitoyables vengeances ; car alors tu ne serais dans leurs mains qu'un instrument passif ; tu échangerais ton indépendance laborieuse « pour je ne sais quelle servitude dorée, dont tu supporterais toujours les frais, directement ou indirectement, aujourd'hui ou demain. »

Fuis résolument les sociétés qui se mettent à la remorque de ces fauteurs de désordre qui, pour mieux t'exploiter, s'efforcent de jeter le trouble dans ton esprit, le dégoût du travail et la haine des classes dans ton cœur.

Et si ces tendances se manifestent dans la société dont tu fais partie, résiste énergiquement, l'énergie des bons affaiblit les méchants.

3° Si le droit individuel est à la base de chaque société ; s'il est la condition nécessaire de toute existence commune, il ne suffit pas ; « car le droit pur, c'est l'égoïsme pur, c'est la pure injustice. » Il faut dépasser cet égoïsme, exigeant et susceptible, qui concentre chacun en soi, pour s'élever à ce sentiment du devoir, qui nous porte hors de nous, qui seul inspire le respect mutuel des sociétaires, le dévouement réciproque à la communauté, le sacrifice, l'oubli de nos préférences et parfois le don de nous-mêmes. Une association ne peut vivre sans des hommes courageux, patients, dévoués, scrupuleusement honnêtes, doués d'un robuste bon sens, capables de lui donner leur travail consciencieux, le concours de leur intelligence, toute leur activité et toutes leurs pensées, capables de l'abnégation d'eux-mêmes, et du sacrifice d'une partie de leur indépendance à l'œuvre commune.

Déclarons-le bien haut ; il n'y aura jamais d'association solide, ni même possible, entre l'activité et la paresse, la régularité et le désordre, l'économie et la prodigalité, la sobriété et l'intempérance, le sentiment du devoir et le mépris des obligations réciproques. La pratique rigoureuse du devoir produit seule l'unité dans l'action, et la concorde dans les cœurs ; seule elle fait de l'association tout entière « la fraternité même organisée pour atteindre plus sûrement et plus pleinement son but. »

Ce n'est pas au début de l'association que les dangers apparaissent, que les dissolvants agissent ; une belle ardeur anime alors tous les membres. Mais plus tard le point d'honneur s'émousse, le dévouement tombe, l'indolence remplace l'activité volontaire ; chacun se repose sur son voisin des besognes les plus ingrates ; les suspicions éclatent, un sentiment exagéré de l'égalité surexcite les petites âmes, et beaucoup ne croient plus travailler pour eux en travaillant pour les autres. Voilà une crise que n'ont pu traverser beaucoup d'associations.

4° Il n'est pas de société prospère, sans la confiance mutuelle. Entrez dans une association avec un esprit jaloux de toute supériorité, et une basse envie qui s'attaque aux administrateurs ; entrez-y avec une susceptibilité qui s'irrite de toute distinction, qui veut conserver toutes ses prérogatives sans consentir aucun sacrifice, qui se croit sans cesse lésée et le crie bien haut, vous y jetez le désordre et l'anarchie. Et alors, dans la mêlée des intérêts surexcités et des vanités froissées, les paroles tournent à l'aigre, les meilleures intentions sont perverties et les plus pures actions dénaturées ; les bonnes volontés s'isolent dans l'impuissance ; chacun s'enveloppe dans son égoïsme et l'association succombe, ruinée par les plus misérables passions. C'est cette confiance mutuelle qui écartera les divisions intestines, les malentendus inévitables dans des réunions d'hommes peu éclairés, pauvres et ombrageux.

5° Toutefois, elle ne doit dégénérer ni en indifférence, ni en aveuglement. Il y a, dans toute société des registres à vérifier, des comptes-rendus à méditer, des réformes à opérer, des éloges à décerner, des blâmes à infliger parfois ; et nous n'avons pas le droit de nous désintéres-er de la situation financière et morale de notre association. C'est une question de dignité de savoir ce qu'elle devient, de connaitre ses dangers pour les combattre, et les espérances qui lui sont permises pour les réaliser. Or, il est bien difficile parfois de trouver un juste milieu, et de s'y tenir, entre l'abandon exagéré de soi-même et cette tendance funeste à vouloir tout contrôler et tout diriger dans les œuvres communes. Il faut donc, dès l'école, stimuler les indolents qui s'accommodent de tout, et modérer les impatients qui ne se contentent de rien. Il faut inciter l'enfant à réfléchir avant de s'engager, à étudier les obligations nouvelles qui le lieront aux associés volontairement choisis, à bien savoir ce qu'on exigera de lui et ce qu'il pourra exiger des autres.

6° Lorsque des hommes libres, égaux en droits, travaillent à une œuvre commune, la condition essentielle et indispensable du succès, c'est le maintien d'une forte discipline qui oriente vers un même but et soumet à une direction unique les volontés différentes et les capacités diverses. Cette discipline est surtout nécessaire lorsque, à la place d'un chef d'entreprise tout puissant parce qu'il est propriétaire de tous les instruments de travail, le directeur qui doit commander, et parfois sévir, est l'élu des ouvriers eux-mêmes.

Que deviendraient ces petites républiques, si turbulentes parfois, sans une ferme discipline ? N'espérons pas remplacer la responsabilité d'un chef intéressé par une émulation que beaucoup n'éprouvent pas dans ces réunions faites parfois d'éléments si hétérogènes. N'espérons pas remplacer par la collectivité ni par un groupe de sociétaires, un administrateur général habile, qui dirige, qui imprime le mouvement, qui assure l'unité et la suite dans les vues, la promptitude dans les décisions, c'est-à-dire les éléments les plus importants du succès. Après l'avoir choisi pour son mérite, il convient de le rétribuer sans parcimonie, de l'aider loyalement, de lui garder confiance et déférence, tant qu'il s'en montre digne.

— Un certain nombre d'associations ont revêtu la forme et manifesté les allures de côteries étroites, animées de parti pris intransigeants, aveugles au bien accompli par leurs rivales, dressées sans cesse contre des personnes ou des associations voisines. La plupart ont péri rapidement, victimes de leur attitude et de la défiance publique. — Celles qui ont surgi récemment en une admirable floraison doivent donc s'unir entr'elles comme chacune a uni les membres épars qui la composent. Si elles vivent isolées, indifférentes ou hostiles l'une à l'autre, elles disperseront leurs efforts en stériles escarmouches et se condamneront à l'impuissance.

Elles l'ont compris, et, dans ces derniers temps, elles se sont groupées, quelles que soient les différences de leur nature, en unions départementales ou régionales d'abord, en fédérations nationales ensuite, acquérant ainsi ce qui leur manquait naguère : un but bien déterminé, une direction générale unique, et l'esprit de suite. Pas une n'a perdu son autonomie ; pas une ne s'est diminuée ; mais toutes, ayant élargi leurs ho-

rizons, ont accru leur puissance, ont pu aborder, et victorieusement déjà, quelques tâches
complexes, inaccessibles à chacune réduite à
ses seules forces.

Et le progrès ne s'arrêtera pas là. L'heure
est proche où toutes les associations d'origines différentes, mais d'aspirations communes
s'uniront en une vaste association englobant
tous les travailleurs qui attendent de la solidarité universelle l'amélioration de leur sort.

— Une association qui se proposerait uniquement de rendre la vie matérielle plus
facile et plus économe ; qui unirait ses membres comme des forces et des chiffres, sans
rapprocher les cœurs, laisserait subsister un
sauvage isolement dans la coopération même,
et se concilierait très bien avec toute la sé-
cheresse de l'égoïsme. Il ne suffit pas que
les associés participent à la même œuvre et
jouissent des mêmes avantages, il faut qu'ils
se connaissent, qu'ils s'aiment et s'estiment,
en un mot, qu'ils se considèrent comme des
frères. L'association devient ainsi morale et
sociale ; et, cette condition réalisée, elle est
presque toujours excellente.

IV

Trop souvent le jeune homme dépense
son salaire jusqu'au dernier sou, sans son-

ger à la maladie et au chômage. Après avoir
contracté des habitudes ruineuses, il se marie sans ressources pour le présent, sans
souci pour l'avenir. Mais que des vieux parents tombent à sa charge, que des accidents
surviennent ; que les mortes saisons se pro-
longent, la misère s'abat sur sa famille, misère sans remède, parfois sans issue. Et,
dans ces foyers besoigneux, les paroles ai-
gres jaillissent, les inimitiés éclatent, et la
famille devient une école de démoralisation
où grandissent les vices qui troublent la société.

Pourquoi le travailleur est-il si insouciant
de son avenir, si rebelle aux mesures qui le
garantissent ? C'est qu'il ignore la puissance
incalculable de l'épargne et juge la tâche au-
dessus de ses forces. « Par une propagande
persévérante et ininterrompue, par des écrits
et par la parole, par le livre, la conférence
et le journal ; à l'école, dans la famille et à
l'atelier », il faut donc lui prouver manifestement que son sort est dans ses mains,
qu'il lui appartient de faire sa vie au lieu de
courber le front devant la mauvaise fortune
et qu'il la fera par son adhésion réfléchie et
définitive à nos associations.

La caisse d'épargne est insuffisante. Si elle
est un mode de prévoyance simple, à la portée de tous, dans lequel le capital s'accumule

sou à sou, sans surveillance et sans risque,
toujours prêt à rentrer au foyer au premier
appel du déposant; si déjà elle enseigne la puissance des petites épargnes par l'accumulation, diminue nos besoins factices et accroît
notre énergie par la lutte contre la prodigalité, elle n'en présente pas moins le grave inconvénient de favoriser une économie égoïste
et solitaire. Toutes les sociétés de prévoyance
ont la collectivité pour base ; seule la caisse
d'épargne repose sur l'individualisme qu'elle
développe et surexcite. Les fonds fructifient
pour un seul, sans s'unir à d'autres fonds
pour la conquête commune de la sécurité et
du bien-être. C'est un mode de prévoyance
individuel, qui réalise un progrès manifeste
sur la dissipation aveugle, qui nous relève si
nous économisons pour les nôtres, mais c'est
une sorte d'égoïsme qu'il convient de dépasser.

Ce sera d'abord par la société de secours
mutuels. Qu'un accident, une maladie, une
infirmité frappe l'ouvrier valide, c'est la misère fatale, immédiate. Les petites épargnes
s'épuisent ; les dettes s'accumulent, le crédit
cesse, et le paupérisme apparait avec son
hideux cortège de souffrances. Tout est com-
promis, mais tout est sauvé s'il fait partie
d'une société de secours mutuels ; s'il paie,
chaque semaine, quelques sous qui produi-

sent rapidement un capital considérable. Dès le premier jour, il touche une indemnité quotidienne ; il reçoit gratuitement les soins du médecin et les produits du pharmacien. Ce secours n'est pas une aumône ; c'est un droit strict, absolu, acquis par son titre de sociétaire et par la régularité du paiement de ses cotisations. Il ne subsiste pas par un don charitable, mais par lui-même et par son association ; la solidarité l'aide ainsi à traverser, sans privations matérielles, les phases douloureuses de la vie. La société de secours mutuels stimule le sentiment de la prévoyance et relève l'ouvrier dans sa propre estime en le dispensant de frapper, dans la maladie, à la porte de l'Assistance publique, et, dans la vieillesse, à celle des asiles de nuit. C'est un groupement intime, où tous les rangs se confondent, où le patron et les ouvriers se trouvent réunis par la communauté des intérêts, où les sociétaires s'initient progressivement à la formation, à la conservation et à l'accroissement d'un capital commun ; c'est-à-dire que ces sociétés seront dans l'avenir le premier élément de la civilisation et du bien-être.

Merveilleux instrument d'épargne trop peu connu et trop peu apprécié encore, la *Caisse des Retraites* pour la Vieillesse permet à tout Français de s'assurer, au moyen d'un verse-

ment minime, une pension qui le mettra à
l'abri du besoin. Cette admirable création,
qui constitue lentement, pour chacun de ses
membres, un patrimoine sacré, double l'énergie du travailleur, rehausse sa dignité, inspire le goût de la prévoyance et embellit la
plus humble vie d'un rayon de douce sérénité
et de radieuse espérance. C'est une des plus
belles institutions sociales, une de celles qui
réalisent le mieux la puissance de l'association et la grandeur de la solidarité. Ainsi, la
société de secours mutuels garantit le présent, et la Caisse des Retraites assure l'avenir. Seule, la première abandonnerait la
vieillesse à la misère ; seule, la seconde laisserait sans secours l'adolescence et l'âge mûr
malheureux. M. Cavé l'a bien compris ; et,
par une conception ingénieuse, par un mécanisme très souple, il les a fondues en une société unique, la mutualité scolaire.

L'originalité de cette institution (on l'a dit),
c'est de confondre sur les bancs de l'école, la
prévoyance individuelle et la prévoyance sociale, de favoriser la recherche de l'intérêt
personnel bien entendu, et le triomphe de la
plus féconde solidarité, d'assurer la vieillesse
du travailleur, en le secourant dans la maladie
et le besoin, au cours de son existence tout entière. Pour obtenir ces merveilleux résultats,
dix centimes par semaine suffisent, dont cinq

alimentent la caisse de secours mutuels et cinq grossissent les fonds de retraites.

Il faut que cette institution pénètre dans les plus petites communes et que nos écoles comptent bientôt autant de mutualistes que d'écoliers. Ce temps approche, grâce aux progrès irrésistibles des idées de solidarité et de prévoyance, grâce surtout à la propagande de l'instituteur, à l'énorme labeur qu'il assume, à la confiance toujours grandissante qu'il inspire autour de lui. Et pour cela qu'a-t-il fait? Il a ramené souvent l'attention de l'enfant sur la puissance prodigieuse de l'épargne, sur la mutualité, sur son but et ses résultats si faciles à obtenir. Il lui a prouvé qu'il retrouvera ses petites cotisations, incroyablement accrues, à l'heure de la maladie et de la vieillesse. Rien ne menace en effet, son petit capital, garanti par l'Etat, à l'abri des catastrophes financières, comme des faiblesses du capitaliste lui-même. Il n'y pourra toucher avant l'âge fixé; et, précieusement, on le gardera pour lui et au besoin contre lui.

Pourquoi ne délivrerions-nous pas de livrets de caisse de retraite au même titre que ces livrets de caisse d'épargne si souvent gaspillés à l'âge de la majorité? Que d'ingéniosité déjà autour de nous! Ici le Conseil municipal paie les cotisations des indigents;

là, c'est la Caisse des écoles qui supporte cette dépense. Dans certaines écoles, les plus hautes récompenses équivalent à des cotisations ; dans d'autres des familles aisées acquittent les versements hebdomadaires des plus pauvres ; et partout un admirable mouvement solidariste se produit et notre siècle apparait déjà comme le siècle de l'association et de la prévoyance sociales.

Mais la mutualité scolaire prépare peu au rôle d'un bon associé; c'est son principal, et peut-être son unique inconvénient. Elle impose une responsabilité pécuniaire si lourde, elle exige un travail si absorbant et des connaissances techniques si étendues, qu'il faut nécessairement choisir les administrateurs en dehors des intéressés, c'est-à-dire des élèves. Ils se bornent à payer leurs cotisations, sans s'initier, par la pratique même, au mécanisme de l'institution, sans élaborer ses statuts, sans les discuter et parfois sans les connaitre. Institution de prévoyance de premier ordre, la mutualité scolaire ne développe guère l'esprit d'association.

La plus grande initiative existe, au contraire, pour les membres des amicales ; ils rédigent, discutent et adoptent leurs statuts, élisent le bureau, fixent la cotisation, décident de l'emploi des ressources, arrêtent le jour et le programme des réunions, et donnent à la société ses traditions et son esprit de corps. Oui, l'Amicale, c'est la solidarité complète et concrète : 1° Solidarité dans les plaisirs : musique, chant, déclamation, tir, jeux, journaux, livres, revues, tout émane de la générosité des associés ou des ressources communes de l'association. 2° Solidarité dans les études : patronage des cours d'adultes, rétribution des professeurs, encouragements aux écoliers, acquisition de bibliothèques, organisation des fêtes scolaires. 3° Solidarité matérielle surtout : n'ont-elles pas des comités de placement qui sauvent les adolescents de l'oisiveté et du vagabondage ; une caisse de secours qui soulage les malades, distribue des vêtements et réconforte des affamés, qui fait passer dans les actes l'amitié inscrite dans la devise de l'association.

Toutefois, ne soyons pas la dupe des mots. Qu'est-ce qu'une amicale sans statuts, sans cotisations, sans budget, dont l'existence se révèle uniquement par de petites fêtes dont la recette suffit à peine à couvrir les dépenses ? Ces associations sont plus nombreuses qu'on ne le croit... et qu'on ne le dit. Mais il importe de multiplier les vraies et fécondes amicales. Regardez dans les villes (et le mal gagne les campagnes) regardez la figure pâle et bouffie, les membres grêles et impuissants de tant de jeunes gens pervertis de bonne heure par la rue et l'auberge ; regardez les traces indélébiles d'une précoce dépravation que portent ces êtres malingres, usés avant l'âge, et mûrs, à peine au sortir de l'enfance, pour l'hôpital et la fosse commune, et votre cœur s'emplira d'une immense pitié, il se serrera d'une patriotique angoisse, et vous vous écrierez : oui, il faut multiplier les amicales pour arracher l'adolescence au vagabondage et à la corruption. Et, quand elles rayonneront sur le pays tout entier, l'aube d'une ère nouvelle, ère d'union et de bien-être, se lèvera sur un monde meilleur.

Nous insisterons à la campagne sur deux associations, le syndicat et le crédit agricoles. Ce dernier repose tout entier sur la confiance dans l'emprunteur, sur la présomption de sa solvabilité, de sa loyauté, de son intelligence, de son activité ; sur ses chances probables de succès : l'idée de solidarité se mêlant ainsi à celle de responsabilité et la fécondant. Les capitaux vont sans hésitation, sans crainte, aux cultivateurs instruits, honnêtes, capables de les faire fructifier. C'est pour ses connaissances techniques, pour l'honorabilité de sa vie, pour ses habitudes d'ordre, de travail, d'économie, qu'on lui prête à longue échéance, sans autres garanties que ces garanties morales. Et c'est sa moralité même qui le préserve des usuriers de village qui le ruinent, l'aigrissent, et lui enlèvent tout courage et toute dignité. Qu'il ne l'oublie pas : nous sommes à une époque de culture intensive, de progrès rapides, de concurrence acharnée. Il ne suffit pas de connaître les méthodes perfectionnées, il faut des capitaux pour les appliquer. On les lui prêtera s'il s'instruit des choses de sa profession, et surtout s'il se conduit honnêtement dans la vie.

Il ne m'est pas possible d'entrer dans le détail de ces nombreuses sociétés de production et de consommation, dont le double but est de diminuer le prix des choses et de transformer l'ouvrier en entrepreneur. Ce qui importe, en cette matière, c'est de remonter aux principes mêmes de l'association, d'en exposer les règles et d'en faire apprécier les bienfaits. Et il est possible de faire connaître les fondements sur lesquels elle repose, les services qu'elle rend, les écueils où elle peut sombrer : c'est éclairer et étendre le mouvement corporatif.

L'école peut-elle habituer l'enfant à discuter, à se résoudre en commun, à observer les règles d'une discussion courtoise, à dresser des statuts, à tenir une comptabilité ? Peut-elle provoquer la régularité dans le paiement des cotisations, la présence assidue aux réunions, la modération dans les exigences, la bonne foi dans les revendications, l'équité dans la répartition des secours. une propagande active, une vigilance toujours en éveil sans être soupçonneuse, la circonspection dans les dépenses, une sage hardiesse dans les innovations, un éloignement profond pour les spéculations, une solidarité fraternelle qui se traduit par un sentiment de parfaite égalité, par l'absence de toute question personnelle qui irrite et divise ? En un mot, peut-elle développer ces qualités d'intelligence et de cœur qui constituent l'esprit d'association et qui sont si nécessaires à l'existence et au bon fonctionnement des sociétés ? N'exagérons pas son influence, mais ne la méconnaissons pas.

Cette éducation est particulièrement urgente : mettez aux voix l'itinéraire d'une promenade ; vous verrez aussitôt vos élèves parler tous à la fois, s'interrompre, s'interpeller, multiplier les insinuations, prodiguer les reproches et parfois les injures : ce sont déjà des hommes, dirait La Bruyère.

Répétons à l'écolier : si plus tard la confiance de tes co-associés te donne autorité sur eux, sois ferme, équitable, bienveillant, de caractère égal, d'humeur calme et douce. Intéresse-toi à leur sort, à leurs espérances, à leur avenir, et surtout ménage leur dignité. Avertis, reprends, punis sans violence, sans ironie qui révolte les hommes et ahurit les adolescents. Corrige leurs défauts au lieu de t'en amuser. Préserve de la raillerie les disgraciés de la nature, et les plus jeunes de toute douleur inutile, de tout sévice, de tout propos et de tout acte capable de souiller leur innocence.

Si tu restes dans le rang, prends ton parti de ta situation modeste ; accepte un reproche sans murmure, un conseil avec gratitude, et, sans aigreur, une peine infligée sans colère. Ménage tes outils, tes matériaux et ton temps ; sois appliqué et persévérant ; travaille avec conscience, avec la fierté de ton travail, sans le traîner, comme le forçat son boulet. Résiste à l'entêtement de la routine, aux suggestions de la paresse, aux obstacles de la malveillance, aux moqueries, aux préventions, aux calomnies des mauvais camarades, et observe le contrat qui te lie à la société avec l'équité la plus stricte et la probité la plus scrupuleuse. Eloigne de toi l'envie et le dépit ; respecte dans tes supérieurs l'activité, l'instruction, la prudence, l'habitude de l'ordre, l'esprit des affaires, le tact, la fermeté, le coup d'œil prompt et l'extrême vigilance que tu leur as reconnus par ton choix. Sache qu'il faut, pour réussir, le concours simultané de la science du savant et du labeur intelligent de l'ouvrier ; que le travail intellectuel a sa grandeur et son utilité propre, et que, s'il est dans la société certains avantages particuliers, ils reviennent, en toute justice, à ceux qui tiennent dans leurs mains l'avenir de l'œuvre commune. Répudie hautement cette doctrine funeste qui représente le directeur et le simple ouvrier comme deux ennemis toujours en présence et toujours aux prises. Si elle était vraie (et elle ne l'est pas), dans le régime du salariat, elle ne peut être qu'une grossière aberration dans une société librement fondée, où règne l'égalité des personnes et des droits. N'imite pas les ouvriers qui disputent sans cesse de leurs mérites respectifs. « Le négociant qui n'a pas d'enseigne, dit About, se croit supérieur à ceux qui en ont une ; le marchand en gros prend le pas sur le détaillant ; le détaillant sur l'ouvrier, l'ouvrier des villes sur celui des champs. Entre ouvriers, mêmes classements aristocratiques, mêmes absurdités. »

Parfois ces distinctions se précisent, des groupes se forment aux relations exclusives et fermées, qui se coudoient sans se pénétrer ; en province on les appelle des « sociétés ». Ce n'est ni votre intelligence, ni votre cœur, mais votre naissance, votre profession, votre fortune qui vous rangent dans la première, la deuxième, ou la troisième société. Quelques petites sous-préfectures en comptent presque quatre, dont la dernière est formée des travailleurs les plus utiles et souvent les plus honnêtes. Le hobereau vit dans le splendide isolement de son château, séparé de la masse de ses « anciens serfs » par les murs de son parc et la grille de sa cour d'honneur. Le financier véreux, le notaire sans clientèle, l'avocat sans causes, le médecin sans malades, toisent avec hauteur l'intègre négociant. Les magistrats et les officiers dominent de très haut tout le corps des fonctionnaires et ceux-ci, (j'en excepte à peine le facteur rural et le cantonnier) mesurant leur importance au chiffre de leur traitement se placent bien au-dessus du personnel enseignant. Et n'essayez pas de franchir les limites de votre « société ». Si c'est pour vous élever, avec quelle humiliante condescendance ne serez-vous pas accueilli. Si c'est pour descendre, avec quelle vivacité dédaigneuse ne serez-vous pas blâmé ! Prenons garde ; rien n'engendre les inimitiés tenaces comme ces distinctions niaises d'une sotte vanité. Ces coteries préparent, elles justifient peut-être, les pires violences pour l'avenir, Interdisons-les sévèrement, bafouons-les sans ménagement, si elles se produisent dès l'école.

Pour développer l'esprit d'association à

l'école, M. Léon Bourgeois recommande l'examen de conscience sociale. « Il faut, dit-il, amener l'enfant à se demander combien de fois, dans la journée, il a oublié qu'il était l'associé de son maître et de ses camarades ». Le moyen est excellent, à condition que cet examen de conscience soit sérieux, sincère, réfléchi; que l'enfant en comprenne la portée et la gravité. Multipliez-le sans précautions, étendez-le à des puérilités, vous en faites une affaire de mode, vous poussez à un raffinement d'analyse, à une timidité excessive dans l'action. Je n'aime guère, pour ma part, ces examens de conscience sociale, par questionnaires écrits; ils mettent la modestie de l'écolier ou sa sincérité à une trop rude épreuve. S'il nous trompe, nous sommes responsables de son hypocrisie et de son mensonge ; s'il nous donne des réponses exactes, nous ne trouvons guère, dans sa confession qu'un pâle reflet de notre parole, reflet qui éclaire peu et ne réchauffe pas.

Lisez et méditez le quatrième chapitre du beau livre de M. Léon Bourgeois sur la « Solidarité » ; imprégnez-vous de ces fortes et éloquentes paroles, et quelques minutes vous suffiront pour faire découvrir la somme incalculable des richesses accumulées par nos ancêtres, pour prouver à l'élève « qu'il naît débiteur de l'association humaine » et chargé d'obligations envers la société ; pour le convaincre que sa dette est immense et qu'il ne pourra jamais l'acquitter. Comment peut-il manifester sa reconnaissance à ces bienfaiteurs inconnus qui lui ont préparé lentement, au prix de douleurs sans nombre, une existence douce et paisible ? Il ne suffit pas de témoigner un pieux respect à ces infatigables pionniers de la civilisation, de garder au cœur l'inaltérable souvenir de leurs bienfaits, de défendre leur mémoire contre l'injuste mépris des ignorants, de proclamer hautement l'étendue des progrès qu'ils ont réalisés ; il faut faire plus. Ce patrimoine héréditaire de l'humanité, ils l'ont légué à toutes les générations qui seront appelées à la vie. Son premier devoir c'est de le conserver dans toute son intégrité pour le transmettre un jour, accru dans la mesure de ses forces, à ceux qui lui succèderont : « On ne nous demande pas d'opérer des miracles, dit très bien About ; on désire seulement que nous laissions quelque chose après nous. Celui qui a planté un arbre avant de mourir n'a pas vécu inutile. En effet, il a ajouté quelque chose à l'humanité ». C'est ce quelque chose que nous sommes tenus d'assurer à nos descendants.

Que d'hommes, de femmes et d'enfants travaillent pour chacun de nous sans que nous nous en doutions ! Il n'y a pas, dit Legouvé, une profession qui n'ait son fléau, pas un ouvrier qui n'ait son péril mortel. Et il nous montre le couvreur précipité du haut d'un toit, le maçon écrasé sous une pierre, le carrier mutilé par une explosion, le mineur enseveli sous un éboulement, l'ouvrier en papiers peints empoisonné par l'arsenic, le peintre en bâtiment par le plomb, l'étameur de glace par le mercure, le tailleur de cristaux voué à la phtisie, l'ouvrier en clous dorés à la paralysie, l'ouvrier en allumettes chimiques à la chute des mâchoires, la dévideuse de cocons aux crevasses et aux ulcères, et partout des corps broyés dans les terribles engrenages des machines, qui ajoutent le plus sanglant des chapitres au martyrologe des peuples. Appelons l'attention de notre petit auditoire sur ces souffrances infinies du travailleur ; et chacun de nos entretiens sur les sciences physiques et naturelles, deviendra pour lui, une éternelle leçon de pitié, de reconnaissance et d'amour.

Un mouvement solidariste admirable s'épanouit aujourd'hui, toujours plus large et plus puissant, et la solidarité pénètre toutes les sphères de la société. L'esprit de coopération, qui en est la forme pratique, a reçu une impulsion irrésistible, et nous entrons véritablement dans le siècle de l'Association.

CHAPITRE XIII

CONCLUSION

SOMMAIRE. — I. La civilisation et l'égalité. — II. L'instituteur et le mouvement social. — III. Ce qu'il fait et ce qu'il peut faire.

Notre civilisation tout entière tend invinciblement vers l'égalité. La nourriture et le logement du prolétaire s'améliorent ; son salaire s'élève ; son instruction se perfectionne ; sa liberté grandit ; sa considération s'étend. Par contre, le propriétaire voit ses privilèges disparaitre, ses besoins augmenter, le taux de l'intérêt s'avilir et la rente de la terre baisser. L'un monte ; l'autre descend ; et déjà la nécessité du travail s'impose à tous. Nous pouvons envisager l'avenir avec confiance ; les dernières iniquités disparaitront et sur leurs ruines apparaitra une cité de justice, de liberté, d'égalité et de fraternité.

Il y aura des récriminations amères et des intérêts qui s'insurgeront, se croyant lésés ; c'est la loi de cette terre que nulle transformation ne saurait s'accomplir sans ébranler la société, ni « le moindre bourgeon s'épanouir sans déchirer l'enveloppe qui le renferme »; mais tout se taira devant la légitimité des revendications et l'équité des réformes. La pacification se fera par une meilleure justice distributive, par une conscience plus nette de la solidarité de tous les intérêts, par une union plus intime des cœurs; et elle diminuera graduellement la quantité des misères et des crimes qui oppriment encore le monde aujourd'hui.

Nous avons la conviction profonde que l'instituteur républicain jouera un rôle bienfaisant dans cette rénovation de la société, à laquelle il apporte déjà une coopération réfléchie et une contribution volontaire infiniment précieuses. C'est qu'il a marché de l'avant et s'est dépensé sans compter. Avec quelle ardeur consciente, avec quelle conviction raisonnée, il a rappelé ses anciens élèves après la classe quotidienne, sacrifié ses loisirs, provoqué la maladie et parfois tenté la mort pour mûrir, dans l'adolescence ces germes de solidarité qu'il avait semés au cœur de l'enfance !

Nous nous sommes inclinés, pleins d'une sympathique admiration, devant cette abnégation, si modeste, si silencieuse et pourtant si enthousiaste. Et c'est du plus profond de notre cœur que nous lui disons : Quand vous quitterez votre humble chaire, moins

épuisé par l'âge que par un labeur exténuant
qui s'accroît tous les jours, vous laisserez
derrière vous une humanité plus libre, plus
juste, plus charitable. Vous aurez hâté le
lever de ce radieux soleil de la fraternité dont
les rayons bienfaisants pénètreront dans les
plus sombres chaumières et les plus tristes
mansardes, pour réchauffer, pour épanouir
des cœurs que la misère et le désespoir glacent depuis longtemps. Vous aurez accru le
bien-être et la moralité dans le monde ; vous
aurez contribué à la consolidation de la paix
sociale et à l'atténuation de la souffrance
humaine.

Et, croyez moi, c'est le plus bel éloge que
vous puissiez mériter, c'est la plus sublime
consolation que vous puissiez recevoir, avant
de disparaitre à jamais, de l'autre côté de la
montagne, dans les ténèbres de la nuit éternelle.

TABLE DES MATIÈRES

MONTDIDIER (SOMME). — IMPRIMERIE LÉON CARPENTIER

Original en couleur

NF Z 43-120-8

BIBLIOTHÈQUE NATIONALE

CHÂTEAU
de
SABLÉ

1991